二十四史马上读 语文历史都进步

第五册

《三国志》《晋书》

李海杰　主编

北京理工大学出版社
BEIJING INSTITUTE OF TECHNOLOGY PRESS

图书在版编目（CIP）数据

二十四史马上读：语文历史都进步：函套共12册/李海杰主编. —北京：北京理工大学出版社，2023. 10

ISBN 978－7－5763－2413－6

Ⅰ. ①二… Ⅱ. ①李… Ⅲ. ①二十四史－青少年读物
Ⅳ. ①K204. 1－49

中国国家版本馆CIP数据核字（2023）第097057号

出版发行／北京理工大学出版社有限责任公司
社　　址／北京市丰台区四合庄路 6 号
邮　　编／100070
电　　话／（010）68944451（大众售后服务热线）
　　　　　（010）68912824（大众售后服务热线）
网　　址／http: //www. bitpress. com. cn
经　　销／全国各地新华书店
印　　刷／唐山富达印务有限公司
开　　本／880毫米×1230毫米　1／32
印　　张／77.75
字　　数／1236千字
版　　次／2023年10月第1版　2023年10月第1次印刷
定　　价／398.00元（全12册）

责任编辑／徐艳君
文案编辑／徐艳君
责任校对／刘亚男
责任印制／施胜娟

目录

三国志

晋书

三国志

三国志

《三国志》由西晋史学家陈寿著，全书共六十五卷，包括《魏书》三十卷、《蜀书》十五卷、《吴书》二十卷，没有表、志，完整地记载了自东汉末年至西晋初近百年的历史。《三国志》以魏为正统，故蜀汉、东吴皇帝的传记，只称为“传”，不称为“纪”。虽然体例简略，但也跻身评价最高的“前四史”的最后一部。

陈寿

陈寿（233—297 年），字承祚（zuò），巴西郡安汉县（今四川省南充市）人，蜀汉及西晋时著名史学家。

陈寿少年时好学，师事同郡学者谯周，曾在蜀汉王朝任职，因不愿依附得势宦官，屡遭贬黜。蜀主刘禅（shàn）降晋后，陈寿在晋朝历任多职，晚年多次被贬。280 年，晋灭吴，正式结束了分裂局面。陈寿历经十年的艰辛，最终完成纪传体史学巨著《三国志》。297 年病逝，享年六十五岁。

武帝纪

曹操（155—220年），字孟德，小字阿瞒，沛国谯县（今安徽省亳州市）人，东汉末年权相，曹魏政权的奠基者，杰出的政治家、军事家、文学家，死后谥号魏武帝。

乱世枭雄

曹操出身于显赫的官宦之家，从小机智警敏，应变能力强，而且博览群书，十分爱好兵法，常常把有名的谋略抄下来学习。他性格放荡不羁，不注重品德修养，任性好侠，天天习武，周围的人都不怎么看好他，唯独当时的名臣乔玄认为曹操将来一定可以有一番作为。

曹操十九岁时，被推举入仕，不久便担任京城洛阳县（今洛阳市）县尉（类似于公安局局长）。洛阳住着许多皇亲国戚，这些人依仗权势，经常违法乱纪。曹操一到任，便

曹操设立五色棒严肃法纪

重申法纪，制造十几根五色大棒，悬挂在衙门左右，下令说：“如果再有人违反法纪，就乱棒打死。”不久，当朝大宦官的叔父犯禁夜行，被曹操抓到，曹操毫不留情，乱棒打死了他。京城权贵听说了此事，纷纷收敛行为。

当时，东汉王朝已经腐朽不堪，政治十分黑暗，民不聊生。184年，终于爆发了全国性的黄巾军起义，声势十分浩大，官军屡战屡败，有人推荐赋闲在家的曹操出山。曹操接到命令，与其他将领联合进攻黄巾军。黄巾军惨败，曹操因此升官，得以崭露头角。

几年之后，西凉大军阀董卓带着自己的军队入京，执掌朝政。曹操眼见董卓倒行逆施，不愿与他合作，便改换姓名逃出京城。随后，东汉王朝的其他地方军阀联合起来，组成联军讨伐董卓。曹操满腔热血地加入了他们的行列，却悲哀地发现，联军内部矛盾重重，大家各怀心思。曹操逐渐意识到，在兵荒马乱的时代，想要有所作为，必须建立起属于自己的军队和地盘。

董卓死后，他的部下相互混战，局面失控。汉献帝趁机逃了出去，在外流浪了一段时间后，回到洛阳，但洛阳已经一片废墟，连吃饭都成了问题。曹操把握住机会，主动迎接献帝到自己的地盘。有了皇帝在身边，曹操便“奉天子以令不臣”，以皇帝的名义东征西讨，歼灭不听命的

军阀，在政治上占据了极大的主动。

当时，北方实力最强大的军阀袁绍，见曹操一天天壮大，而且动不动就以天子的名义行事，十分不满。199 年，袁绍率领十万精兵南下，准备一举消灭曹操。消息传来，群臣惊恐，曹操却毫不畏惧，他清晰地分析了敌我双方的客观条件，认为袁绍必败，自己必胜。随后，曹操积极部署，主动迎战，连续斩杀袁绍阵营两员名将颜良、文丑，初战告捷。

袁绍首战失败，但实力尚存，双方在官渡（今河南省中牟县境内）相持。袁军堆土成山，在土堆上用弓箭俯射曹军，曹操令人制作能抛掷石头的霹雳车，发射石头回击。袁军又挖掘地道进攻，曹操立即派人沿着军营挖长沟，粉碎了袁军的企图。

这时，曹军粮草不支，内外交困，曹操一度准备撤退。他的谋士们纷纷劝阻，认为击败袁绍在此一举，只要咬牙坚持，一定能找到战机。果然，不久之后，袁绍的重要谋士许攸（yōu），因为袁绍不能采纳正确的谋略而深感失望，转而投奔曹操。曹操听说许攸来了，十分惊喜，来不及穿鞋，光着脚出去迎接。

许攸给曹操献计，说袁绍的军粮全部存放在乌巢（今河南省延津县境内），只要烧掉这些军粮，袁绍必败。曹操立即付诸实施，亲自带领五千精兵偷袭乌巢。袁军听说军粮全失，军心大乱，曹操趁机进攻，大败袁军。曹操以两万兵力，经过一年多的对峙，战胜十万袁军。这便是历史上著名的以少胜多的官渡之战。官渡之战后，北方再也没有力量能制衡曹操。曹操又用了八年时间，基本统一了北方地区。

曹操平定北方之后，便把目标对准了南方，想要先征服荆州，再一举鲸吞江东的孙权集团。暂时栖身荆州的另一位枭雄刘备，不甘心就此失败，便联合孙权，组成孙刘联军，在赤壁（今湖北省赤壁市）击败了曹操。赤壁之战粉碎了曹操统一全国的梦想，形成了三国鼎立的局面。战败后，曹操一心一意地治理北方，针对人口流失、田地荒芜等现象，采取劝课农桑、兴修水利等，在一定程度上恢复了农业生产。

曹操还是伟大的文学家，他的诗作《观沧海》《龟虽寿》等都是千古名篇。他与两个儿子曹丕、曹植，凭借文学成就被后人合称“三曹”，是当时“建安文学”的杰出代表。

220 年，曹操病死在洛阳，终年六十六岁。他的儿子曹丕称帝后，追尊他为武皇帝，庙号太祖。

经典原文与译文

【原文】吕布袭刘备，取下邳。备来奔。程昱（yù）说公曰："观刘备有雄才而甚得众心，终不为人下，不如早图之。"公曰："方今收英雄时也，杀一人而失天下之心，不可。"——摘自《三国志·卷一》

【译文】吕布偷袭刘备，攻取下邳（今江苏省徐州市）。刘备前来投奔曹操。程昱规劝曹操说："我观察刘备有雄才而且甚得众心，终究不会居于人下，不如趁早除掉他。"曹操说："如今正是招揽天下英雄的时候，因为杀掉一人而失去了天下之心，不可以。"

词语积累

对酒当歌：对着酒的时候，应该放声高唱。原指人生短暂，应该有所作为。后指及时行乐。

老骥（jì）伏枥（lì）：骥，良马；枥，马槽。衰老的骏马即使卧在马槽旁，心中也向往着一日飞奔千里。比喻有志向的人虽然年老，仍有雄心壮志。

望梅止渴：青梅味酸，人一想到梅子的酸味就会分泌唾液，因而不再口渴。比喻有无法实现的愿望，只好用空想来安慰自己。

青梅煮酒：《三国演义》中的一个精彩片段，由作者罗贯中演绎而来。指曹操试探刘备的英雄志向，刘备韬光养晦掩饰自己。

挟天子以令诸侯：挟，挟持。通过挟持天子，以天子的名义号令天下诸侯。比喻用领导的名义按自己的意思去指挥别人。

文帝纪

曹丕（187—226 年），字子桓，沛国谯县人，魏武帝曹操的儿子，曹魏开国皇帝，政治家、文学家，死后谥号魏文帝。

曹魏开国皇帝

曹丕从小天资聪颖，曹操对他寄予了很大希望。曹操告诉曹丕，乱世要有所作为，要有武艺在身，于是曹丕六岁就学会了射箭，八岁就已经能够骑马。

在读书问题上，曹操更是常常提醒曹丕，从小要打好基础，否则等长大了就容易半途而废。曹丕把父亲的话听了进去，每天诵习诗书，慢慢成为一个文武双全的少年英才。

东汉末年，战乱四起，社会动荡不安。曹操为了进一步锻炼曹丕，很早就把他带在身边征战沙场。军旅生涯给曹丕带来了不少好处，既锻炼了强健的体魄，也磨炼了意志。

曹操在一次出征时遭遇失败，落入圈套，情形非常危急，曹丕的大哥和堂兄都不幸遇害，年仅十一岁的曹丕骑马拼死奔逃，才躲过一劫。这次遇险让曹丕心有余悸，深刻认识到了战争的残酷性，逐渐养成了特有的沉稳性格。

多年的军阀混战后，慢慢形成了魏、蜀、吴三大势力鼎立的格局。曹操以魏王的身份雄踞北方，年事渐高，开始考虑继承人的问题。曹操另一个儿子曹植文采斐然，天下闻名，曹操曾经对他寄予厚望，但是曹植放荡不羁，经常喝酒误事。

有一次，曹植喝醉了酒，驾着马车私自闯进司马门，而司马门只有天子和魏王才有资格通过。曹操知道后非常生气，处死管理宫门的官员，也放弃了让曹植成为继承人的念头。相比之下，曹丕性格沉稳，做事老练，于是被正式立为继承人。

曹操去世后，曹丕继承了父亲汉丞相、魏王之位，开始主政。他迅速采取措施稳定政局，使周边的小国家如扶余、焉耆（qí）、于阗等纷纷遣使朝拜。

不久，武威郡、酒泉郡和张掖郡（均在今甘肃省境内）等地先后发生叛乱，曹丕得知消息，立刻派出军

队平叛，很快将叛军一网打尽。南方的孙吴政权迫于压力，不得不向曹丕称臣，而之前落入蜀汉集团手中的战略要地上庸三郡（今湖北省、四川省、陕西省交界处）也被收复。

曹丕成为魏王之后，政绩斐然，声望与日俱增，朝臣纷纷上书，请求曹丕改朝换代，登基称帝。曹丕知道后诚惶诚恐地说："我的德行和才干都很浅薄，现在这点成绩，也是仰赖先王的功德。改朝换代这样的事情还是不要再说了。"曹丕把这些奏书公开,不答应登基之事。

不久，汉献帝派人将皇帝玉玺和绶带献给曹丕，表示自己禅让是顺应天意，请曹丕一定不要推辞。曹丕还是不答应，上书说："臣的志向本来就是辅佐陛下，匡扶汉室，从来没有自己当皇帝的想法。陛下这样逼迫，臣只能归隐山林了。"

献帝不为所动，先后三次坚持禅位，加上群臣不断上表，曹丕终于答应接受禅让，定国号为魏，是为魏文帝。两天之后，魏文帝册封献帝为山阳公，确保他得以善终。

魏文帝称帝后，致力于统一全国，推行儒家教化，并为此积极准备。对内，推行九品中正制的选官制度，剪除青州、徐州的割据势力，巩固了北方的统一；大力推广屯

▲ 曹丕称帝

田制度，减轻百姓的徭役和税赋，让北方地区重现安定繁荣的局面。对外，他多次发动对孙吴集团的战争，不过，因为在位时间较短，并没有取得太大建树。

作为建安文学的代表之一，魏文帝不仅是杰出的诗人，而且擅长散文创作，并留下了我国文学史上第一部文学批评著作《典论》。他还下令恢复太学，降低人才招募门槛，倡导儒家文化复兴，促成了文化的繁荣。

226 年，魏文帝在洛阳病逝，终年四十岁。按照生前

的遗诏，葬礼从简，不封不树，葬在首阳陵（今河南省偃师市境内）。

经典原文与译文

【原文】闰月，孙权破刘备于夷陵。初，帝闻备兵东下，与权交战，树栅连营七百余里，谓群臣曰："备不晓兵，岂有七百里营可以拒敌者乎！'苞原隰（xí）险阻而为军者为敌所禽'，此兵忌也。孙权上事今至矣。"后七日，破备书到。——摘自《三国志·卷二》

【译文】魏文帝黄初三年闰六月，孙权在夷陵（今湖北省宜都市）打败刘备军队。起初，魏文帝听说刘备统兵东下，与孙权交战，建立营寨，连绵七百余里，对群臣说："刘备不懂用兵，哪有连营七百里可以抵抗敌人呢！'在草木茂盛、平坦开阔、低洼潮湿、地势险要、行动受阻之地驻扎军队，很容易被敌人抓获'，这是兵法的大忌。孙权获胜的奏书就快到了。"七天之后，孙权击败刘备的奏书果然到了。

词语积累

煮豆燃萁（qí）：萁，豆子的秸秆。燃烧豆子的秸秆来煮豆子。比喻兄弟间不顾亲情，自相残杀。

伯仲（zhòng）之间：伯，兄弟排行里的第一；仲，兄弟排行里的第二。比喻人或事物不相上下，优劣难分。

荡气回肠：使心气激荡，使肝肠回旋。比喻文章、乐曲十分婉转动人。

物是人非：东西还是原来的东西，可是人已不是原来的人了。多用于表达事过境迁，因而怀念故人。

曹仁传

曹仁（168—223 年），字子孝，沛国谯县人，东汉末年曹魏名将，曹操的堂弟。

善守的猛将

曹仁出身于官宦之家，年轻时放荡不羁，喜欢骑马狩猎，练就了一身好武艺，有着不俗的志向。

东汉末年，天下大乱，群雄并起，各地治安非常混乱。曹仁暗中聚集了一千多名少年，盘踞在淮河和泗水之间，静观时局变化。

不久，堂兄曹操在陈留县（今河南省开封市祥符区）起兵，曹仁便带着人马前往投奔，正式开始了戎马生涯。

曹仁投身军旅后，很快成为曹操的得力助手。有一年，曹操亲自进攻盘踞在宛城（今河南省南阳市宛城区）的军阀，命令曹仁单独率领一支军队攻打周边的县城。曹仁

不负众望，屡战屡胜，一下俘虏了三千多人。

而曹操这边却很不顺利，不但打了败仗，撤退的时候还被穷追猛打，军队士气低迷不振。曹仁率兵赶到，拔刀奋力鼓舞将士，军心大振，曹军转头进攻追兵，取得了胜利。

随着曹操的实力逐渐强大，与北方最大军阀袁绍的大战已经不可避免。很快，双方就在官渡对峙，局势相当焦灼。这时，袁绍派遣当时很有声望的刘备袭扰曹操后方，很多县城纷纷投降刘备，曹操为此担忧不已。

曹仁说："南方的县城都认为我们与袁绍相持，没有多余的力量解救他们，现在刘备大军压境，背叛也是情有可原的。不过，刘备最近才带领这支袁绍的部队，还不能做到上下一心，如果我们果断进攻，一定可以取胜。"

曹操认为可行，让他率领骑兵出击，果然一战就击败了刘备，投降的县城也都重新收复。曹操的后方从此稳固，为官渡之战的最终取胜奠定了基础。

曹操在统一南方的赤壁之战遭遇惨败，在退回北方之前，曹操让曹仁留守江陵城（今湖北省荆州市），把防御东吴名将周瑜的重任交给了他。当时的形势对曹仁很不利，一方面赤壁新败，曹军士气低落，另一方面吴军人数众多。

就在曹仁加紧防备的时候，周瑜率领几万人围攻江

陵城，前锋部队几千人已经兵临城下。曹仁登上城楼眺望，命令部将牛金率领三百壮士迎战，不久便被团团围住。

曹仁身边的人都大惊失色，只有曹仁慷慨激昂，大声喊道："快牵我的战马来。"身边的人知道曹仁要出城救人，连忙劝阻他不要以身犯险。曹仁并不回应，带领麾下骑兵数十人冲出城门，来到距离吴军百步的地方停下。

就在所有人都以为曹仁到此为止的时候，曹仁竟然带着数十骑兵直冲敌阵，最终救出了牛金。曹仁看到还有不少士兵依然身陷敌阵，又杀进重围，击退了吴军。回到城中之后，众人都钦佩不已，连连称赞曹仁是天人。曹操听说了曹仁的壮举，册封他为安平亭侯。虽然曹操最终决定放弃江陵城，但是曹仁以弱势兵力抵挡了周瑜大军一年多，为曹军争取了宝贵的休整时间。

江陵之战失败后，曹操在荆州仅剩两个据点——襄阳（今湖北省襄阳市襄城区）、樊城（今湖北省襄阳市樊城区），是为战略要地，一旦丢失，后果不堪设想。

219 年，刘备集团的大将关羽在荆州发动北伐，兵锋直指曹仁防守的樊城。曹操急忙派出几万援军，恰逢当时连日大雨，增援部队遭遇水淹，樊城被关羽团团围住，内

▲ 曹仁守卫江陵城

外断绝。

曹仁当时手中只有数千兵马，城中粮食也所剩无几，形势糟糕到了极点。面对困境，曹仁抱着决死的信念鼓励士兵，士兵都被他的勇气所感动，拼死抵抗。不久，援兵终于赶到，击退了关羽，樊城转危为安。曹仁又一次为曹魏立下了汗马功劳。

魏文帝登基后，任命曹仁为大将军，执掌军事大权。223 年，征战一生的曹仁去世，终年五十六岁。

经典原文与译文

【原文】河北既定，从围壶关。太祖令曰："城拔，皆坑之。"连月不下。仁言于太祖曰："围城必示之活门，所以开其生路也。今公告之必死，将人自为守。且城固而粮多，攻之则士卒伤，守之则引日久；今顿兵坚城之下，以攻必死之虏，非良计也。"太祖从之，城降。——摘自《三国志·卷九》

【译文】河北平定后，曹仁跟随魏太祖曹操围攻壶关（今山西省壶关县）。太祖下令说："城破之日，里面的人都要活埋。"但是连续数月都没有攻下。曹仁对太祖说："围攻城池，必须给城里人留一条活路，这样才能动摇对方守城的决心。现在你贴出告示说都要活埋，他们将会人人死守。况且壶关城坚固，粮食也多，进攻他们则士兵伤亡惨重，包围他们又旷日持久；现在我们陈兵坚固的城池之下，来攻击决死的敌人，这不是好办法。"太祖采纳了曹仁的意见，城里的军队就投降了。

弓马弋（yì）猎： 弋猎，用带绳子的箭射猎。一般代指骑马狩猎。

贲（bēn）育弗加： 贲、育，孟贲、夏育，秦国的大力士。孟贲、夏育这样的大力士都比不过。形容人非常勇敢。

不修行检： 行检，操行、品行。不注重品行和操守。形容人的品行不端正。

荀彧传

荀彧（yù）（163—212 年），字文若，颍川郡颍阴县（今河南省许昌市）人，东汉末年政治家、战略家，曹操的首席谋臣。

王佐之才

荀彧出身名门世家，从小聪慧过人。南阳郡（今河南省南阳市）名士何颙（yóng），以识人闻名天下，一见到荀彧就连连赞叹，说：“这个人是王佐之才啊！”

东汉末年，西凉军阀董卓率军入京，独揽大权。荀彧当时在朝为官，见董卓如此嚣张跋扈，却无人能制，预感到天下即将大乱，马上弃官回家。

因为家乡颍川郡紧邻京城洛阳，经济繁荣，必将成为各家势力争夺的战乱之地，于是荀彧带领族人到冀州避难。

盘踞北方的军阀袁绍刚刚抢占了冀州，正在收揽人才，听说荀彧到了，以上宾之礼接待，想请他辅佐。荀彧认为袁绍不能成大事，反而投奔了当时实力弱小的曹操。

曹操听说荀彧来了，非常高兴，认为自己得到荀彧，就像汉高祖得到大谋臣张良一样。从此，荀彧的命运和曹操牢牢地绑定在一起。

荀彧足智多谋，曹操对他很信任。曹操率大军征讨徐州，留下少量军队给荀彧，让他负责留守大本营鄄（juàn）城（今山东省菏泽市）。

豫州刺史郭贡受曹操的政敌蛊惑，突然率领数万部队来到城下，城中守军非常害怕。郭贡要求荀彧出城相见，众人纷纷劝阻，认为此去必然凶多吉少。

荀彧说："郭贡向来与叛乱分子没什么来往，这次来得如此之快，肯定还没有定下计划。趁他没拿定主意去劝说，最差也能让他保持中立。如果拒绝见面，他必然会投向叛乱分子。"于是出城会见郭贡。郭贡见荀彧毫无惧色，知道鄄城易守难攻，就退兵了。荀彧的沉着果断起到了力挽狂澜的作用。

董卓死后，汉献帝辗转多地重回洛阳。曹操和谋士们商议奉迎献帝，大部分人都表示反对，一方面是因为当时山东还未平定，另一方面是因为献帝身边的将领不好控制。

荀彧单骑会见郭贡

曹操一时左右为难，荀彧力劝曹操说："从前，汉高祖东伐项羽，为被项羽杀害的楚义帝戴孝，于是天下纷纷响应。现在，天子遭受苦难多年，如果趁机迎接天子，民心必定归附，天下贤才将纷纷聚集。如果错过这个机会，其他人恐怕也会产生这个想法，以后再考虑这件事，也就来不及了。"

曹操听完荀彧的意见，即刻率兵赶往洛阳，成功迎接献帝到许都（今河南省许昌市）。曹操最为重要的"挟天子以令诸侯"战略就此形成。

曹操迎接献帝后，实力不断提升，袁绍意识到了危险，起兵十万来攻。由于袁绍实力强大，曹操内部有人反对抗袁。

荀彧分析说："自古以来，战场较量的是才能，而不是实力，只要参照汉高祖、项羽的成败，就足以证明这点。袁绍虽然兵多，但是军纪涣散；手下谋士各有矛盾，不能通力合作；加上袁绍优柔寡断，将领也多是有勇无谋之辈；虽然眼下实力强大，但完全可以战而胜之。"这番话大大坚定了曹操战胜袁绍的决心。

双方在官渡对峙数月后，曹操的军粮即将耗尽，士兵疲惫，而战机却迟迟没有出现，曹操倍感压力，写信给在许都调度的荀彧，准备撤退。

荀彧回信说：“眼下粮食虽少，但还不到最后关头。当年楚汉之争，汉高祖和项羽谁都不肯先退，因为先退的一方必然处于被动。现在你以弱势兵力牵制袁军已经半年，他们的锐气已经耗尽，战局一定会有变化，不可失去时机。”

曹操采纳他的建议，继续坚守，终于一举击败袁绍，彻底取得了官渡之战的胜利。

随着曹操的功劳越来越大，野心不断膨胀，一些大臣迎合他的心意，请求献帝册封曹操为魏公，并赐予九锡（cì）这样的最高赏赐。

荀彧尽心辅佐曹操二十余年，却忠于汉室，明确反对这件事，他认为曹操起兵是匡扶汉室，是忠义之举，应该坚守谦让的理念。曹操从此对荀彧感到不满，利用机会把荀彧调离中枢岗位，留在军中。

212 年，被调往前线的荀彧因病滞留寿春（今安徽省寿县），不久忧惧而死，终年五十岁。

经典原文与译文

【原文】太祖将伐刘表，问彧策安出，彧曰：“今华

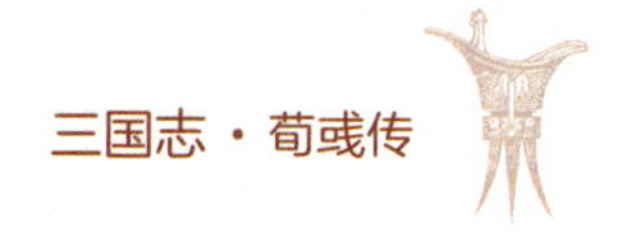

夏已平，南土知困矣。可显出宛、叶而间行轻进，以掩其不意。”太祖遂行。会表病死，太祖直趋宛、叶如彧计，表子琮以州逆降。——摘自《三国志 · 卷十》

【译文】魏太祖曹操将要攻打刘表，问荀彧应该用什么计策，荀彧说：“现在中原已经平定，南方人知道局势艰难了。我军可以大张旗鼓地从宛城、叶县（今河南省叶县）出兵，暗中轻装速进，掩饰我们的真实意图，出奇制胜。”太祖于是依计行事。恰逢刘表病死，太祖按照荀彧的计策直逼宛城、叶县，刘表的儿子刘琮于是带着荆州迎降。

词语积累

留香荀令：荀令，荀彧担任尚书令，被人敬称荀令君。荀彧到别人家里，坐过的席子好几天都有香味。比喻美男子。

王佐之才：王，君王；佐，辅佐。具备辅佐君王的才能。比喻具有非凡的治国能力。

四战之地：四面都有敌人，随时发生战争。比喻容易受攻击的地方。

邓艾传

邓艾（ài）（197—264年），字士载，义阳郡棘阳县（今河南省南阳市新野县）人，三国时期曹魏名将。

灭蜀第一功臣

邓艾很小的时候父亲就去世了，他和母亲相依为命。由于战乱，邓艾和母亲被强行迁往汝南郡（治所位于今河南省平舆县）作为屯田民。年幼的邓艾成了放牛娃，但他没有放弃学业，依然严格要求自己。

邓艾凭借才学逐渐脱颖而出，成为屯田长官的下属。因为有口吃的毛病，屯田长官只让他去看守稻草，没有重用他。邓艾并不气馁，兢兢业业地工作。

邓艾对军事特别感兴趣，每次看到高山大川，都要仔细勘察地形，规划军事部署，常常遭到他人的讥笑。

邓艾就这样积累了近二十年，终于当上了屯田属官，得到去洛阳汇报工作的机会，获得当时的太尉司马懿（yì）的赏识，这成为邓艾人生的重要转折点。

当时正值魏、蜀、吴三国鼎立，魏国为了有效应对吴国的威胁，准备在东南一带屯田，朝廷选派邓艾前去巡察。巡察回来后，邓艾提出了两条建议：第一条是开凿河渠，既能灌溉肥沃的土地，还能便利漕运；第二条是在淮河南北两岸实施大规模驻军屯田，以便快速应对吴国的威胁，也降低了运粮、运兵的成本。

司马懿看到后非常高兴，全部予以采纳。此后，魏国不但在东南的防御力量大大增加，当地的经济和民生也得到了发展。

随着魏、蜀两国战事的兴起，邓艾被派往前线抵御蜀国的进攻。249 年，蜀国名将姜维联合羌人进攻魏国。魏军主将郭淮逼退姜维后，准备全力对付羌人各部。

邓艾却提出了不同意见，“敌人刚刚撤退，走得并不远，随时可能回兵反攻，应该分兵行动，以免出现意外。”郭淮觉得有道理，留下邓艾防备蜀军反攻。

三天后，蜀军果然返回，与邓艾隔江相望，但没有发起攻击。邓艾分析说：“我军人少，敌人应该进攻才对。现在却没有，必定是想偷袭我们北面的洮（táo）城（今甘肃省临潭县境内）。”于是，邓艾连夜派兵抢占洮城。

不久，姜维果然来袭，见邓艾早有防备，只得无功而返。此后十多年，邓艾和姜维之间多次交手，邓艾都处于上风。

随着魏国越来越强盛，263年魏军兵分三路，正式发起灭蜀之战。钟会率领十万人作为主力，邓艾率领三万人作为偏师配合。战局刚开始，魏军进展顺利，连连获胜，但不久，钟会率领的主力被姜维牵制在“一夫当关，万夫莫开”的剑阁（四川省广元市境内），一时间束手无策。

因为粮草不足，钟会准备撤兵，邓艾赶紧上书说：“如今蜀军大败，应该乘胜追击。虽然剑阁难攻，但我军可以派出奇兵，抄小路突进，姜维不得不分兵救援，我军就可以趁势攻下剑阁；假如姜维不分兵救援，我们的奇兵也能获胜。”于是邓艾亲自率军，穿越七百余里没有人烟的险域，走到无路可走时，他们便身裹毛毡滚下山坡，最终成功奇袭江油（今四川省江油市）。

随后，魏军在绵竹（今四川省绵竹市）和蜀军对峙。邓艾派出将领分左右两路进攻，都被击败，两位将领告诉邓艾，蜀军以逸待劳，很难击败。

邓艾大怒道：“现在是生死存亡之时，胜败在此一举，还有什么行与不行的？”说完便要斩杀这两位将军。两位将军连忙上马，重新率军死战，邓艾也亲自上阵，最终大

邓艾奇袭蜀军

破蜀军，斩杀蜀军主将。

此后，邓艾一鼓作气，连下数城，直逼蜀国都城成都（今成都市）。后主刘禅见大势已去，遣使献上皇帝印绶，向邓艾投降，蜀汉正式灭亡。邓艾以偏师奇袭、大纵深迂回克敌的这场胜利，成为我国历史上经典的奇袭战例。

立下旷世奇功的邓艾，随后却犯下了致命错误。他擅自以天子名义，任命了大批官员，又修筑高台夸赞自己的功劳。被抢了风头的钟会非常不满，趁机联合监军卫瓘（guàn）诬告邓艾谋反。朝廷诏令卫瓘逮捕邓艾，用囚车将他押送京城。

264年，钟会在蜀地发动叛乱被杀，卫瓘怕受责罚，趁着混乱，派人追上邓艾的囚车，将他杀害，终年六十八岁。

经典原文与译文

【原文】迁兖州刺史，加振威将军。上言曰："国之所急，惟农与战，国富则兵强，兵强则战胜。然农者，胜之本也。孔子曰'足食足兵'，食在兵前也。上无设爵之劝，则下无财畜之功。今使考绩之赏，在于积粟富民，则交游之路绝，浮华之原塞矣。"——摘自《三国志·卷二十八》

【译文】邓艾升任兖州刺史，加授振威将军。他上书说：“国家的当务之急，只有农耕和战备，国家富裕，兵力就强大，兵力强大，作战就能取胜。所以农业是取胜的根本。孔子说‘粮食足、兵力足’，粮食排在兵力的前面。如果国家不设置爵位作为鼓励，那么下面的官员就不会立下积蓄财富的功劳。现在如果把考核的奖赏，集中在积蓄粮食和百姓富裕上，就能断绝交往奔波的途径，堵住华而不实的源头了。”

期期艾艾：期期，西汉大臣周昌口吃，讲话时常重说“期期”；艾艾，曹魏大臣邓艾也口吃，多重复说“艾艾”。形容人口吃，说话不流利。

矜（jīn）功自伐：矜，自夸；伐，夸耀。自以为有功劳而夸耀。

先主备传

刘备（161—223年），字玄德，涿（zhuō）郡涿县（今河北省涿州市）人，西汉中山靖王刘胜的后人，蜀汉开国皇帝，政治家。史家称他为“先主”，死后谥号昭烈帝。

百折不挠、以德服人

刘备小时候父亲就去世了，家里很穷，他与母亲以织草席、卖草鞋为生。但他心存大志，不甘心就这样虚度一生，曾经指着自家房屋边一棵高五丈的桑树说：“我将来必定会乘坐这样的羽葆盖车。”

刘备长相奇特，沉默寡言，喜怒不形于色，待人谦恭。十五岁时刘备拜名臣卢植为师，广泛结交豪侠义士，当时就有不少人追随。

东汉末年，朝政黑暗，战事不断。刘备凭借平定黄巾

刘备卖草鞋

起义、叛臣董卓立下战功，担任过各种小官，却因实力有限，不得不屡屡依附公孙瓒（zàn）、陶谦、曹操、吕布、袁绍等各路诸侯。然而，不管他身居何职、依附何人，始终坚持以德服人，积极有为。

有一次，势力强大的曹操攻打徐州（今江苏省徐州市），徐州牧陶谦向各方求救，唯有刘备雪中送炭，不惜与曹操为敌，立即发兵救援。陶谦感动之余，临终前决意将徐州让给刘备。

曹操统一北方之后，刘备走投无路，只得前往南方投靠荆州牧刘表。刘表以礼遇对待刘备，但不肯重用他，只想安守荆州度日。刘备在荆州多年，始终没有大作为，年纪将近五十，不禁感叹“老之将至”，正在这时，有人向他举荐诸葛亮。

刘备心驰神往，三次拜访之后，终于见到了诸葛亮。两人一番长谈，诸葛亮献上《隆中对》，刘备立即决定恭请年仅二十七岁，无名、无位、无功业的诸葛亮出山辅佐自己。诸葛亮被刘备的仁德和诚心感动，最终也付出了一生来追随。

不久，曹操为了统一全国，正式南征，试图一举平定荆州，继而收复江东。刘备率军在樊城抵抗。诸葛亮料定抵挡不住，劝刘备渡过汉江，退守襄阳。

十多万樊城百姓宁死相随，拖家带口，几千辆车携带包裹行李，一路上老幼妇孺哭声不绝。刘备在船上看见这种情景，心中更加悲恸，哭道："为我一人，使百姓承受这样的灾难，我还有什么脸面活在世上！"说完就要投江自尽。左右侍从急忙抱住他，纷纷痛哭。

有人劝刘备说："现在应该迅速保住江陵（今湖北省荆州市），我们虽然人数众多，但是军队人少，如果曹军来了，拿什么阻挡？"刘备不忍心将百姓抛弃，断然拒绝："想要成就大事，必须以人为本，现在这么多人背井离乡跟着我，我怎么忍心抛下他们！"急忙下令调拨船只，迅速接应百姓过江，直到全部渡完，他才上马离去。

208年十二月，在诸葛亮的游说下，东吴国主孙权同意与刘备联合。孙刘联军在赤壁（今湖北省赤壁市）大败曹操，刘备乘胜占领荆州，终于有了自己的一席之地。

按照诸葛亮的战略设想，刘备下一步要占领益州、汉中（今陕西省汉中市）。在军队入驻蜀地之后，刘备不愿和同宗兄弟益州牧刘璋（zhāng）互相残杀，成功劝降了他。在此期间，刘备始终厚树恩德，尽用人才。

占领汉中不久，东吴将领吕蒙突袭夺取荆州，擒杀守将关羽。接着，有传言说汉献帝已死，为宣告汉室不亡，接续正统，刘备这才在成都称帝，国号仍然称“汉”，史称先主。

就在先主积极筹划，准备为关羽报仇之时，前线传来噩耗——猛将张飞被部下谋杀。先主年轻时便与关、张情同兄弟，生死与共数十年。两人身死后，先主坐立难安、痛哭不止，更加急于进攻东吴。孙权急忙求和，先主断然拒绝。

以诸葛亮为首的众臣，也一致认为应该继续坚持联吴抗曹、北伐中原、兴复汉室的战略。先主有感于兄弟之情，不顾众臣反对，带领四万军队出征，在夷陵（今湖北省宜都市）和东吴将领陆逊相持，被陆逊一把火将数万精锐烧成灰烬。

先主败退白帝城（今重庆市奉节县境内），病危之际，将蜀国的未来以及儿子刘禅托付给诸葛亮，言辞恳切，诸葛亮哭泣着接受了遗诏。

223 年六月，先主病逝，终年六十三岁。

经典原文与译文

【原文】先主未出时，献帝舅车骑将军董承辞受帝衣带中密诏，当诛曹公。先主未发。是时曹公从容谓先主曰:

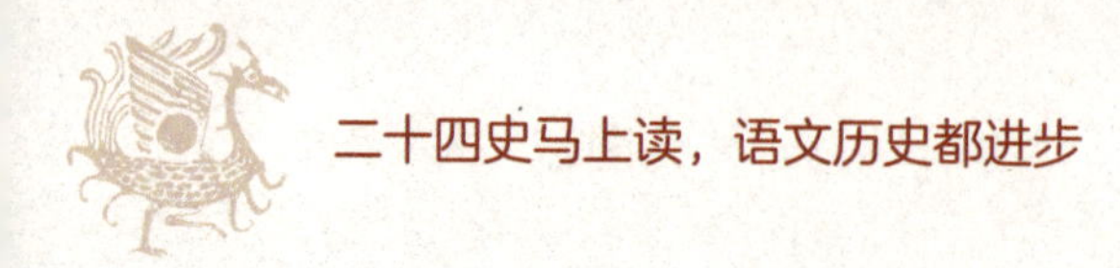

“今天下英雄，唯使君与操耳。本初之徒，不足数也。”先主方食，失匕箸。遂与承及长水校尉种辑、将军吴子兰、王子服等同谋。——摘自《三国志·卷三十二》

【译文】先主刘备还没有离开许都之时，汉献帝的岳父车骑将军董承接受献帝藏在衣带中的密诏，应当诛杀曹操。先主没有行动。当时，曹操私底下对先主说：“当今天下的英雄，只有你刘使君与我曹操罢了。袁本初这些人，不能算作英雄。”先主正在吃饭，听完这话，食具掉到地上。于是与董承以及长水校尉种辑、将军吴子兰、王子服等人一起谋划。

词语积累

求田问舍：田，田地；舍，房屋。只知道买田置房、经营产业而没有远大志向。

织席贩履： 席，用草或苇织成的成片的东西，用于坐、卧；履，鞋子。编织草席、贩卖鞋子。形容职业低贱、身份低微。常用于刻意贬低人的身份。

髀（bì）肉复生： 髀，大腿。因为长久不骑马，大腿上的肉又长起来了。形容长期过着安逸的生活，无所作为。

三顾茅庐： 顾，拜访；茅庐，草屋。刘备三次登门，来到诸葛亮居住的草屋拜访请教。形容真心诚意、多次邀请有才能的贤士。

后主禅传

刘禅（207—271年），字公嗣，小名阿斗，蜀汉末代皇帝，汉昭烈帝刘备的儿子，被史家称为“后主”。

乐不思蜀的末代皇帝

刘禅出生在荆州。他出生后的第二年，北方霸主曹操率军南下，试图一举拿下荆州。刘禅的父亲先主领军抵抗，被曹操击败，不得不抛妻弃子而逃。尚在襁褓之中的刘禅陷入乱军之中，几乎丧命，幸亏得到大将赵云的及时保护，才脱离危险。

后来，先主与东吴国主孙权联合抗曹，迎娶他的妹妹为继室。刘禅六岁时，孙夫人试图瞒着先主将刘禅带到东吴，又是赵云及时发现，成功地阻止了她。

先主在成都称帝后，刘禅被立为皇太子，时年十五岁。

为了让刘禅尽快掌握治国的本领，能在乱世中立足，先主让丞相诸葛亮担任师傅，教授法家、兵家学说。除此之外，刘禅还要习武学射，以成为合格的继承人。两年后，先主病逝，刘禅即位，是为后主。

蜀国在三国中实力最弱小，不久前与东吴交战，元气大伤，内部的民族矛盾也很尖锐。面对危局，年轻的后主选择完全信任丞相诸葛亮，将军政大权全部交给他。诸葛亮不负众望，采取了一系列措施，发展农业生产，与民休息，缓和了矛盾。在外交策略上，吴蜀联盟进一步巩固，几次发动对魏国的北伐，取得了一些战果。这一时期，蜀国内部稳定，诸葛亮可谓功不可没，但是后主的信任和放权也是非常重要的因素。

诸葛亮执政十二年后去世，后主开始独掌朝政。起初，他还能秉承诸葛亮的遗志，重用一些贤能之人，但随着时间的推移，他开始沉迷酒色，重用宦官黄皓（hào）。黄皓喜欢阿谀奉承，仰仗权势干预政事，陷害了不少忠臣，大将军姜维请求后主处死他，可后主只是让黄皓道歉了事。黄皓从此对姜维怀恨在心，时时在后主面前进谗言，姜维不敢回成都，整个朝堂乌烟瘴气。此时，蜀国面临的困境越发明显，多年的北伐使国力大减，宦官当道，国家到了崩溃的边缘。

263 年，魏国正式发起灭蜀战争。虽然姜维提前向后主发出预警，请他早做部署，但后主听信黄皓谗言，认为魏军突破不了蜀道，没有采纳姜维的意见。因为皇帝都没当一回事儿，蜀国上下就更加准备不足。魏军在名将邓艾的指挥下，采取绕道长途奔袭的战法，势如破竹，一直杀到成都城下。后主这才认识到事态的严重性，召集群臣商议对策，最终决定开城投降，蜀汉政权灭亡。

后主成为亡国之君，迁入洛阳，被封为安乐公。魏国实际掌权人司马昭对他很不放心，设宴招待，想试探他的态度。酒宴之上，司马昭让乐师演奏蜀国的音乐，后主身边的蜀国大臣纷纷垂泪，唯独后主嬉笑自如，没有一点伤心的表情。司马昭看到之后，对旁边的大臣说："一个人没有良心，能到这种地步吗？就算诸葛亮这样的贤臣没死，也无法长久辅佐这种君王啊！"

过了一段时间，司马昭问后主是否想念蜀国，后主不假思索地答道："这里很快乐，我一点也不思念蜀国。"蜀国大臣郤（xì）正听完后，赶紧悄悄拉住后主，告诉他如果再被这样问，应该双目紧闭，表示先人的坟墓都在蜀地，无时无刻不思念。不久，司马昭又问后主是否想念蜀国，后主紧闭双眼，把郤正的话说了一遍。司马昭问道："这话听起来怎么像郤正说的？"后主吃惊地问道："大王是怎么知道的？确实是郤正教我的。"满座宾客无不哈哈大笑，

▲ 刘禅乐不思蜀

司马昭也就放下了对后主的戒心。

后主作为亡国之君，执行不抵抗政策虽然导致了蜀国的灭亡，但客观上也减少了蜀地军民的损失，自己得以寿终正寝。271 年，后主在洛阳去世，享年六十五岁。

经典原文与译文

【原文】艾得书，大喜，即报书，遣绍、良先还。艾至城北，后主舆榇（chèn）自缚，诣军垒门。艾解缚焚榇，延请相见。因承制拜后主为骠骑将军。诸围守悉被

后主敕(chì)，然后降下。艾使后主止其故宫，身往造焉。——摘自《三国志·卷三十三》

【译文】邓艾得到后主刘禅的降书，十分高兴，立刻回信，让蜀臣张绍、邓良先回去。邓艾来到蜀国都城北边，后主载着棺材、捆绑着自己，来到军营正门。邓艾解开后主的捆绑，烧毁棺材，邀请后主会面。因秉承魏国皇帝的旨意而拜授后主为骠骑将军。各个设围防守的守军全部接受后主的敕令，然后投降。邓艾让后主还居住在之前的宫殿，自己前去那里拜访他。

词语积累

乐不思蜀：蜀，蜀国。很快乐，不再思念蜀国。比喻乐而忘返，或乐而忘本，以致留恋他乡。

扶不起的阿斗：阿斗，刘禅的小名。形容始终没有办法扶持成才的人。

诸葛亮传

诸葛亮（181—234年），字孔明，号卧龙，琅琊郡阳都县（今山东省临沂市沂南县）人，三国时期蜀汉丞相，杰出的政治家、军事家。

鞠躬尽瘁的“卧龙”之才

诸葛亮小时候失去双亲，但勤奋好学，志向远大。年幼的诸葛亮与弟弟一起跟随叔父投奔荆州牧刘表，叔父去世后，诸葛亮在隆中（今湖北省襄阳市境内）隐居。

诸葛亮一边隐居种地，一边求学，经常向当地名士请教，结识了一些志同道合的朋友。他常常以管仲、乐毅这样的天下奇才自比，期待能够辅佐贤明的君主，但世人对他的才能并不认同，只有他的几个朋友深信这一点。

先主刘备因为衣带诏事件，彻底与曹操分裂，南下投奔刘表，在新野县驻守，一直求贤若渴，期望大有作为。

名士徐庶仰慕先主的为人，特意前来投奔，向他推荐自己的好朋友诸葛亮，并建议先主亲自登门拜访。

先主听从徐庶的建议，先后三次前往拜访，终于见到了诸葛亮。先主迫不及待地询问如何在乱世中振兴汉室，成就大业。

诸葛亮说："曹操占据北方，麾下雄兵百万，挟天子以令诸侯，不能与他争锋。孙权占据江东，已经经历三代，根基稳固，只能作为外援，也不能轻易图谋。荆州、益州的地理位置十分重要，两地的主人都昏庸无能，不能守住基业。您是汉室宗亲，声名卓著，爱才如命。如果能占据两州，把守战略要地，对外联合孙权，对内革新政治，一旦天下的形势发生重大变化，从益州往北能直击长安（今西安市），从荆州往北能直取中原，那么称霸有望，汉室也能复兴了。"先主有如醍醐灌顶，对这个战略赞不绝口，立刻诚挚地邀请诸葛亮出山相助，诸葛亮欣然同意。这就是有名的"隆中对"。

曹操统一北方之后，很快发起了夺取荆州的战争，这时的荆州牧是刘表的儿子刘琮，刘琮自知难以抵挡，很快投降。先主实力有限，做了一些抵抗之后，再次踏上逃亡之路。曹操视先主为一生的劲敌，此次为了杀他，派出轻骑连续追赶一天一夜。紧要关头，诸葛亮当机立断，自告

▲ 诸葛亮隆中对

奋勇前往江东向吴主孙权求援。

当时孙权率军驻扎在柴桑（今江西省九江市），诸葛亮见到孙权，没有直接请求支援，而是说："曹操兵多将广，难以抵挡，孙将军不如早点投降。"孙权反问诸葛亮，既然曹操这么强，刘备为什么不投降？诸葛亮说："刘皇叔是汉室之后，又是天下闻名的英雄，怎么能投降汉贼呢？"

孙权年轻气盛，不甘心轻易投降，但对曹操的军事实力有所顾忌。诸葛亮分析说："曹军远道而来，军队疲惫，

又加上不习水战，人心不服，早已是强弩之末，刘皇叔虽然战败，但还有水军两万余人。”孙权终于下定决心与先主结为联盟，抵抗曹军，最终刘孙联军取得赤壁之战的胜利。曹操败退后，先主趁机占领荆州。

随后，诸葛亮辅助先主夺取益州，天下三分的战略得到初步实现。这时，东吴率军偷袭荆州，杀死守将关羽，先主大怒，不顾诸葛亮等人的反对，执意发动对东吴的战争，结果大败，仓皇逃回白帝城，一病不起。

临死前，先主向诸葛亮托孤，说：“你的才能足以安定国家，成就一番大事。如果我的儿子刘禅可以辅佐，就辅佐他；如果不能，你可以取而代之。”诸葛亮流着泪说：“臣必定竭尽全力辅佐少主，以忠贞的节气报效，直到死为止。”此后，诸葛亮以丞相的身份拥立刘禅称帝，总揽朝政。

当时，蜀国只有一州之地，同时和吴国、魏国有矛盾，内部人心不稳，叛乱时有发生。诸葛亮对外主动调整策略，恢复吴蜀联盟，避免了两面受敌；对内严明法纪，积极恢复生产，致力于缓解内部矛盾。一系列措施实施后，有效稳固了蜀国的统治，经济、军事实力都得到恢复。

经过几年的经营，诸葛亮为了实现复兴汉室的目标，先后五次北伐曹魏，虽然取得了一定战果，但未能撼动曹魏的根基，以失败告终。

234年，在最后一次北伐过程中，诸葛亮由于多年积劳成疾，在前线病逝，终年五十四岁。

诸葛亮虽然壮志未酬，但他鞠躬尽瘁（cuì）、死而后已的精神永远激励着后人。

经典原文与译文

【原文】表受后妻之言，爱少子琮，不悦于琦。琦每欲与亮谋自安之术，亮辄（zhé）拒塞，未与处画。琦乃将亮游观后园，共上高楼，饮宴之间，令人去梯，因谓亮曰："今日上不至天，下不至地，言出子口，入于吾耳，可以言未？"亮答曰："君不见申生在内而危，重耳在外而安乎？"琦意感悟，阴规出计。——摘自《三国志·卷三十五》

【译文】刘表听信后妻的谗言，宠爱小儿子刘琮，不喜欢刘琦。刘琦经常想与诸葛亮商量自保的办法，诸葛亮总是拒绝，不为他谋划。于是，刘琦带着诸葛亮游览后园，一起登上高楼，设宴饮酒的时候，让人搬去梯子，趁机对诸葛亮说："如今上不着天，下不着地，话从你的嘴里说

出来，进入我的耳朵，可以说了吗？”诸葛亮回答：“公子没有听说过申生留在国内而遇害，重耳逃亡在外而安全的史事吗？”刘琦内心有所感悟，暗中谋划离开荆州城的方法。

词语积累

初出茅庐：茅庐，草屋。诸葛亮刚刚离开居住的草屋，跟随刘备打天下。比喻刚刚进入社会或工作岗位，阅历很浅，没有经验。

作奸犯科：奸，坏事；科，法令。为非作歹，触犯法令，干违法乱纪的事。

伏龙凤雏（chú）：伏龙，诸葛亮；凤雏，庞统。指隐居而不曾现世的有才学和能力的人。

关羽传

关羽（？—220年），字云长，河东郡解县（今山西省运城市）人，东汉末年蜀汉名将。

忠义而自傲的名将

关羽早年在家乡犯了事，流亡到涿郡，恰逢先主招兵买马，抵抗黄巾起义，他便欣然加入，同时加入的还有张飞。因为关羽孔武有力，先主让他和张飞一起担当自己的护卫。

先主对关羽和张飞非常器重，不但让他们分别统领军队，而且三人吃饭睡觉都在一起，情如兄弟。大庭广众之下，关羽、张飞整天侍立在先主身边，保护他周全；战场上也跟随先主冲锋陷阵，不躲避任何危险。

凭着在战场上的卓越表现，关羽逐渐威名远播。先主在和军阀曹操的作战中落败，投奔另一位大军阀袁绍，关羽未能及时逃脱，被曹操俘虏。曹操一直很欣赏关羽，所

以给他的待遇非常优厚。

关羽常常心神不定，曹操让人询问原因，关羽说："我深知曹公对我的厚恩，但我与刘将军发誓同生共死，决不能背叛。我会为曹公立下功劳，报答之后再离开。"曹操更加赞叹关羽的忠义。

不久，曹操与袁绍交战。袁绍派出河北名将颜良，关羽看见颜良的旗帜，策马直冲过去，在万军之中刺死颜良，拔出佩刀砍下他的人头，从容返回，没有人能抵挡。

事后，曹操给予他很重的赏赐，关羽把赏赐全部封存，写了一封信辞别曹操，随后前往袁绍军中投奔先主。后来，民间将此事演绎为"千里走单骑"的故事。

先主在荆州得到诸葛亮，关系日渐亲密。关羽、张飞很不高兴，先主只好解释："我跟诸葛先生，就像鱼儿得到了水，你们就不要再说什么了。"两人这才停止抱怨。

赤壁之战后，先主占领荆州，接着去平定益州，关羽留守荆州，看管大本营。不久，关羽听说名将马超归降先主，就给诸葛亮写信，询问马超的人品、才能可以与谁相比。

诸葛亮知道他不想居于人下，就回复道："马超文武兼备，勇猛刚烈远超一般人，属于当代的杰出人物，能够与张飞并驾齐驱，但比不上关将军。"关羽收到信非常高兴，经常将信拿给宾客们看。

先主称汉中王后，关羽被任命为前将军，并赐予符节和斧钺（yuè）。关羽意气风发，当年就发动了北伐，进攻樊城。

曹操深知樊城的重要性，立即命令大将于禁督率七军前来增援，援军驻扎在樊城外。此时正逢雨季，关羽抓住汉水暴涨的机会，一举水淹七军，然后乘船攻击，于禁被迫投降，樊城被围得水泄不通。

▼ 关羽水淹七军

关羽的战果大大震动了曹魏政权，曹操甚至动了迁都的念头以避锋芒。孙权马上派遣使者为自己的儿子向关羽的女儿求婚，关羽辱骂使者，拒绝这门婚事，孙权恼羞成怒。此时，关羽的个人声望达到顶峰，北伐似乎非常顺利。

曹操意识到关羽的节节胜利并不是孙权想看到的，于是暗中联络他一起应对关羽。此前，先主占据荆州，东吴并不情愿，但当时双方还在结盟，而且曹军势大，先主宣称只是向东吴暂借荆州，等占据益州就归还。可是等到占据益州，孙权派人讨还荆州，先主推说等取得凉州，再归还荆州。孙权一直对此耿耿于怀，加上如今关羽的自傲，便同意了曹操的提议，决定偷袭荆州。

与关羽一起留守荆州的两位将军，也不喜欢他的傲慢，见到孙权的部队就投降了。正面战场上，关羽也没能再取得进展。此时，他得知后方被孙权偷袭，害怕两面受敌，不得不撤退。

由于根据地失陷，关羽军队的士气非常低落，出现大量逃兵。

220 年，一路突围的关羽在临沮县（今湖北省宜昌市远安县）遭遇东吴军队的埋伏，被擒获后遭到杀害。

关羽死后，后世视他为忠义的化身，历代皇帝不断拔高他的地位，甚至被封为“帝君”“武圣人”，与“文圣人”孔子并驾齐驱。在民间，信奉关公十分普遍，关帝庙随处可见，甚至远传到东南亚、美国、英国等地。

经典原文与译文

【原文】 羽尝为流矢所中，贯其左臂，后创虽愈，每至阴雨，骨常疼痛，医曰：“矢镞（zú）有毒，毒入于骨，当破臂作创，刮骨去毒，然后此患乃除耳。”羽便伸臂令医劈之。时羽适请诸将饮食相对，臂血流离，盈于盘器，而羽割炙引酒，言笑自若。——摘自《三国志·卷三十六》

【译文】 关羽曾被乱箭射中，箭贯穿了他的左臂，后来伤口虽然好了，但每到阴天下雨，骨头常常疼痛，大夫说：“箭头有毒，毒已经渗透到骨头里，应当割开臂上的伤口，刮去骨头上的毒，之后这个病痛才能消除。”于是，关羽伸出左臂，让大夫将伤口剖开。当时关羽正宴请众将，相对而坐，一起吃喝，关羽的左臂鲜血淋漓，把接血的盘子都装满了，而关羽依旧割肉取酒，谈笑自若。

刮骨疗毒： 刮，用刀刮去。刮掉深入骨头的毒。比喻彻底治疗，从根本上解决问题。

单刀赴会： 单刀，一把刀，指一个人。关羽携带一把刀参加敌方鲁肃的宴会。称赞赴会者的智谋和胆略。

超群绝伦： 超群，超出众人；伦，同辈。超出大众，同辈之中没有人能比。

张飞传

张飞（？—221 年），字益德，涿郡人，东汉末年蜀汉名将。

脾气暴躁的猛将

张飞与先主刘备是同乡。黄巾起义爆发后，先主在家乡招募义勇军，张飞和关羽一起加入军队。关羽年长几岁，张飞对待他就像对待兄长一样。两人跟在先主身边，形影不离，非常忠心。

当时先主实力弱小，寄人篱下，屡屡遭遇危险，张飞始终不离不弃，作战勇猛，深得先主信任。在消灭吕布的过程中，张飞立下了不小的功劳，被任命为中郎将。

曹操统一北方之后，向荆州进军，欲置先主于死地。先主无法抵挡曹军，匆忙逃走。曹军追赶一天一夜，追到了当阳县（今湖北省当阳市）长坂坡。

先主听说曹军到了，连忙抛下妻子儿女逃跑，命令张飞率领二十名骑兵断后。张飞占据河岸，拆断桥梁，怒目圆睁，把手里的长矛一横，对曹军喊道：“我是张益德，你们谁敢过来决一死战？”结果没有一个曹军敢上前迎战，这为先主脱险争取了宝贵的时间。

赤壁之战后，先主向益州进军，张飞领命入川增援，一路上平定多个郡县，过程比较顺利。直到抵达江州（今

▼ 张飞长坂坡扬威

重庆市），遭遇守将严颜顽强的抵抗。经过一番激战，张飞活捉严颜，但严颜坚决不投降。

张飞很生气，呵斥道："我们大军来到这里，你为什么不投降，还敢抵抗呢？"严颜说："你们没有任何理由就侵略我们的领土，我们这里只有断头的将军，没有投降的将军！"张飞更加生气，下令将严颜推出去斩首。

严颜面不改色，大声说："砍头就砍头，你发什么怒？"张飞被他的忠义感动，为严颜松绑，将他奉为上宾。此后，张飞势如破竹，在成都和先主会师，担任巴西郡（今四川省南充市一带）太守。

曹操盘踞汉中，派名将张郃（hé）蚕食蜀地，进入巴西郡境内。张郃知道不能长期占地，准备将巴西郡的居民北迁。为了掩盖这一目的，张郃主动进攻巴西郡腹地宕（dàng）渠县（今四川省达州市渠县），张飞率军抵抗，双方相持几十天，不分胜负。

张飞认真观察地形，逐步将张郃引入一处狭窄的山道，从小路绕到张郃的后方，切断了归路。张郃闻讯大惊，立即放弃骑马，仅带着十几个随从走山路往北逃走，由此彻底保全了益州的安全。

张飞虽然步步高升，但暴躁的性格埋下了隐患。张飞和关羽都是猛将，性格却截然不同。关羽对士兵很好，却

对士大夫极为傲慢；张飞对有声望、有地位的人充满尊敬，却不爱护士兵。为此，先主经常劝诫张飞："你行刑杀人已经过度，又常常鞭打士卒，还将他们留在身边，会招致祸患。"张飞没有听从，依然我行我素。

220 年，关羽被东吴杀害。第二年，先主称帝之后，着手准备报仇，欲重新夺回荆州，命令张飞率领一万人出兵江州。

张飞自从得知关羽被杀，痛心疾首，发誓要报仇雪恨，部下稍有疏忽，便鞭笞不止。这次接到征讨东吴的命令，张飞心情激动，严厉督促军队马上行动。

由于他一向对人苛刻，帐下将领感到害怕，趁他熟睡之时将他杀害，砍下人头投靠了孙权，一代名将就此陨落。

张飞被部下杀害的消息传到先主那里，先主不由叹息道："唉！张飞死了。"至此，蜀国的优秀将领更加凋零。

经典原文与译文

【原文】曹公入荆州，先主奔江南。曹公追之，一日一夜，及于当阳之长坂。先主闻曹公卒至，弃妻子走，使飞将二十骑拒后。飞据水断桥，瞋目横矛曰："身是张益

德也，可来共决死！”敌皆无敢近者，故遂得免。——摘自《三国志 · 卷三十六》

【译文】曹操进入荆州境内，先主刘备逃到汉江南岸。曹操追他，一天一夜，到达当阳县的长坂坡。先主听说曹操突然抵达，抛弃妻子儿女逃走，派张飞带领二十名骑兵在后面抵抗。张飞依仗河道，拆毁桥梁，瞪大眼睛、横拿长矛说：“我是张益德，你们谁敢过来决一死战？”敌人都不敢靠近，因此先主才得以逃脱。

词语积累

据水断桥：据，依靠；断，阻断。依靠河道、阻断桥梁。形容胆识过人，勇敢善战。

粗中有细：粗，粗疏；细，细心。在粗疏之中也有细心的地方。形容人做事说话看似粗鲁，其实很细致用心。

赵云传

赵云（？—229年），字子龙，常山郡真定县（今河北省石家庄市正定县）人，东汉末年蜀汉名将。

追求仁政、一身是胆的儒将

赵云身高八尺，气度不凡，早年被郡里推举，率领义兵投奔军阀公孙瓒。

公孙瓒问赵云：“听说州里的人都想依附袁绍，为什么唯独你能迷途知返？”赵云说：“天下大乱，还看不出来谁是明主，百姓身处危难之中，我们郡里经过商议，决定追随能够实行仁政的人，并不是疏远袁绍而偏向将军。”从此他跟随公孙瓒四处征战。

当时，先主刘备也依附公孙瓒，因此认识了赵云，结下非常深厚的情谊。后来，赵云的哥哥去世，他向公孙瓒辞行奔丧。

先主非常了解赵云的志向，知道他这次离开不会再回来，拉着他的手舍不得放开。赵云向先主辞别，说道："我终究不能做违背德操的事。"

几年之后，先主投奔袁绍，赵云听到消息，主动前往拜见，两人再度相见，从此赵云一直追随先主左右。

曹操稳固北方之后，率军南下攻打荆州，先主无力抵抗，向南逃亡。曹军日夜不停地追赶，到达当阳县长

▼ 赵云乱军救刘禅

坂坡。

当时情况危急，先主只得抛下妻子儿女，仅带数十骑逃跑。混乱之中，赵云也失去了踪影。有人对先主说，赵云肯定往北方投奔曹操去了，先主直接用手戟打了过去说：“子龙是不会弃我而去的。”

不久，赵云抱着先主的幼子刘禅，保护着先主的妻子甘夫人，平安返回。

赤壁之战后，先主率军进入益州，赵云奉命入川增援，沿水路前往成都，完成了合围。

先主攻破成都之后，赵云被封为翊（yì）军将军。论功行赏时，有人提出将成都城中的房舍及城外园地桑田分赐给众将。

赵云对先主说：“西汉名将霍去病曾经说，匈奴没有消灭，哪里能够成家。如今的国贼并非只有匈奴一个，还不到可以安定的时候。等到天下太平，让众人返回家乡耕种田地，才是合适的做法。益州百姓刚刚遭遇了战乱，应该将房屋土地归还给他们，先让他们安居乐业，才能得到民心。”先主立即采纳。

先主夺取益州之后，马上开始与曹操争夺益州的北大门汉中。曹操亲率大军前来作战，运来了大批粮食。

大将黄忠认为可以趁此良机夺取粮食，赵云同意。黄忠超过约定时间没有回来，赵云带领数十骑前往接应，恰巧与曹操大军遭遇。

危急时刻，赵云没有慌张，一次又一次突击曹军阵列，且战且退，成功返回军营。回来之后，发现一名部将受伤，被曹军包围，赵云又一次突击曹军，成功救回了部将。

曹军追赶而来，杀到营寨前，守将准备闭门拒守。赵云却一反常态，命令打开营寨大门，让部队偃旗息鼓，曹军见到这种情况，怀疑有伏兵，于是便撤退了。

赵云看准时机，下令击鼓，一时间鼓声震天，同时命令士兵以弓弩射击，曹军一时慌乱，四散而逃，自相踩踏，很多人落入汉水淹死。

第二天，先主前来赵云营寨查看战斗情况，不禁赞叹说："子龙真的是一身是胆啊。"

东吴袭取荆州，杀害关羽之后，先主非常愤怒，决定发兵讨伐。

赵云规劝说："国贼是曹操，不是孙权，先消灭曹魏，东吴自然会服从。现在曹操虽然死了，但他的儿子曹丕篡位，应该利用民愤，先攻占关中（今陕西省中部）。不应该放置曹魏不管，反而先攻打东吴。与东吴的战争一旦开始，就很难停止。"

然而满脑子复仇的先主没有听从谏言，执意开战，导

致失败，蜀国因此元气大伤。

先主去世后，赵云跟随诸葛亮多次参加北伐，屡建功勋。229年，一代名将赵云病逝。

赵云追随先主三十年，鲜有败绩，被誉为“常胜将军”，而且他擅长政务，心持仁爱，也获得后人的广泛认可。

经典原文与译文

【原文】及先主为曹公所追于当阳长坂，弃妻子南走，云身抱弱子，即后主也，保护甘夫人，即后主母也，皆得免难。——摘自《三国志·卷三十六》

【译文】等到先主刘备被曹操追赶，到达当阳县长坂坡时，先主抛弃妻子儿女往南逃走，赵云亲自抱着弱子，便是后主，保护着甘夫人，便是后主的母亲，两人都得以幸免于难。

词语积累

一身是胆：一身，全身；胆，胆量。全身都是胆。形容胆量很大，毫不畏惧。

偃（yǎn）旗息鼓：偃，仰卧，引申为倒下。放倒旗子，停止敲鼓，秘密行军，不暴露目标。比喻事情终止或声势减弱。

吴主权传

孙权（182—252 年），字仲谋，吴郡富春县（今浙江省杭州市富阳区）人，孙吴开国皇帝，死后谥号吴大帝。

生子当如孙仲谋

孙权从小长得与众不同，被认为是大贵之相，父兄都对他抱有很高的期望。父亲去世后，孙权跟随在哥哥孙策身边历练，参与内部决策。

孙权为人豁（huò）达，崇尚侠义，喜欢结交贤才，渐渐与孙策齐名。等到孙策平定江东时，十五岁的孙权独当一面，出任阳羡县（今江苏省宜兴市）县令。

四年后，孙策不幸遇刺。临终之前，指定年仅十九岁的孙权接替，交给他军政大权。当时，江东统一不久，人心还没有归附，孙权深感责任重大，不禁泪流不止。

长史张昭劝说孙权应该迅速收敛(liǎn)哀容,脱下丧服,前往军营巡查,以稳定军心。

孙权厚待哥哥留下的班底,文用张昭,武用周瑜,同时礼贤下士,招揽人才,很快就聚集了一批优秀人才,得到地方大族的支持,江东的局面趋于稳定。

枭雄曹操平定北方后,很快将目光转向南方。荆州牧刘琮不战而降,寄人篱下的先主刘备稍作抵抗后闻风而逃,江东成为曹操的下一个目标。曹操收编了荆州的水军,加上北方的几十万步兵、骑兵,声势极其浩大。

以张昭为首的文臣深感恐惧,劝说孙权投降,只有周瑜、鲁肃坚决主张抵抗。孙权权衡之后,决定联合先主,共同抗曹。

孙权任命周瑜为主帅,与先主共同进军,在赤壁火烧曹军,大获全胜。赤壁之战基本奠定了天下三分的格局,孙刘联盟正式形成。

曹操败退北方,先主趁机占领荆州,并以此为基地,夺取了益州。孙权原本对战果的分配不满意,于是趁机向先主索要荆州,被拒绝。

孙权大怒,派兵夺取了荆南三郡(今湖南省境内),并积极准备防御名将关羽的反击。先主听说了消息,开始调兵遣将,双方大战一触即发。

▲ 孙权决意抗曹

就在此时，曹操从汉中发起进攻，先主担心益州安危，派使者向孙权求和。双方平分荆州，南郡、零陵郡、武陵郡归先主，江夏郡、长沙郡、桂阳郡归孙权，孙刘联盟暂时得以维系。

虽然拿回了三郡，孙权对荆州依然念念不忘。不久，关羽在荆州北伐曹魏，一路势如破竹，声威大振。孙权深感不安，便自降身份，为儿子向关羽求娶他的女儿，关羽竟然辱骂使者，拒绝了亲事。

孙权获悉关羽带走了主力部队，在与都督吕蒙商议后，认为是夺取荆州的最佳时机，便主动向曹操示好，表示愿意讨伐关羽，曹操欣然同意。

孙权命令吕蒙采取行动，吕蒙很快瓦解了关羽的军队，仅剩数十人追随关羽，向益州方向逃跑。孙权早已派遣军队截断后路，一代名将关羽被俘，随后被杀。孙权成功获得荆州，孙刘联盟宣告破产。

先主听说荆州失守，关羽被杀，不禁大怒，刚刚称帝就急不可耐地兴兵问罪。孙权积极备战，果断任命资历尚浅的陆逊为统帅迎战。

陆逊不负厚望，看出了蜀军连营的破绽，在夷陵大败先主，一举稳固了荆州的疆土。随后掉转方向抵御曹魏的突然进犯，成功逼退曹军。

意识到两面作战的不利形势后，孙权审时度势，主动向先主示好。因为各自需要，孙刘联盟再次形成，两家此后再没有发生战争。

孙刘联盟期间，孙权与魏国多次发生交锋，但大多没有取胜。直到曹操、先主先后去世，229 年孙权才登基称帝，建国号为吴，是为吴大帝。

吴大帝晚年，因为太子孙登英年早逝，他在三儿子孙和、四儿子孙霸之间摇摆不定，引发长达八年的两宫相争，造成了吴国政坛的混乱，牵连了一大批大臣，其中包括功勋累累的陆逊，为吴国的衰败埋下了伏笔。

252 年，吴大帝在建业（今南京市）病逝，终年七十一岁，是三国时期最长寿的统治者。

经典原文与译文

【原文】遣都尉赵咨使魏。魏帝问曰：“吴王何等主也？”咨对曰：“聪明仁智，雄略之主也。”帝问其状，咨曰：“纳鲁肃于凡品，是其聪也；拔吕蒙于行陈，是其明也；获于禁而不害，是其仁也；取荆州而兵不血刃，是其智也；据三州虎视于天下，是其雄也；屈身于陛下，是其略也。”——摘自《三国志·卷四十七》

【译文】孙权派遣都尉赵咨出使魏国。魏文帝曹丕询问赵咨：“吴王是个什么样的君主？”赵咨回答：“他是位聪明仁智，有雄才大略的君主。”魏文帝询问具体情况，赵咨回答：“在普通人中起用鲁肃，这是他的聪明；在普通士兵中提拔吕蒙，这是他的明智；俘获了魏国将领于禁却不加害，这是他的仁慈；夺取荆州而兵不血刃，这是他的智慧；占据三州而虎视天下，这是他的雄才；屈身向陛

下称臣，这是他的大略。”

车载斗量： 载，装载。用车载，用斗量。形容数量很多，不足为奇。

攀龙附骥： 攀，攀附；骥，好马。攀附蛟龙，依附好马。比喻攀附圣贤，归附俊杰。

生子当如孙仲谋： 孙仲谋，孙权。生儿子应当像孙权这样。原为曹操赞扬孙权的话，现借以表达对晚辈的赞扬或激励。

张昭传

张昭（156—236年），字子布，徐州彭城郡（今江苏省徐州市）人，三国时期孙吴重臣。

性格刚烈的孙吴文官之首

张昭年少时非常好学，才识增长很快，还擅长隶书。成年之后，张昭被推举为孝廉，但他没有接受。

徐州刺史陶谦欣赏张昭，想起用他，也被他拒绝。陶谦认为张昭看不起自己，将他关起来，经好友相救张昭才被释放。张昭并不记仇，陶谦病逝后，还给他写了悼词。

东汉末年，天下动乱，徐州很多百姓到长江以南避难，张昭也随之南下。当时，孙吴的奠基者孙策正在江南创立基业，仰慕张昭的才学，立刻委以重任。

孙策非常信任张昭，亲自登堂拜见他的母亲，对待他与同辈密友一样，并以军政大事相托付。当时经常有很多人夸赞张昭，却对孙策只字不提，张昭害怕受到猜疑，左右为难。

孙策知道后，哈哈大笑说："当年，管仲在齐国为相，齐桓公尊他为仲父，但天下人都知道，桓公才是霸主。如今张昭贤德，为我所用，难道这份功劳不是我的吗？"

孙策遇刺重伤，临终前将弟弟孙权托付给张昭。孙策去世后，张昭率领百官拥立孙权，让大家各领其职，稳定了局势。

孙权因为悲伤而不问政事，张昭说："作为继承者，重要的是能够继承先辈的事业，并发扬光大。如今天下动荡不安，盗贼四起，将军怎么可以卧床哀伤，像普通人一样放纵个人感情呢？"说完，他亲自扶孙权上马，列队巡视，众人心里才觉得有了依靠。

张昭性格严谨，不苟言笑，屡屡直言进谏。孙权喜欢打猎，经常骑马射虎，曾经遇到老虎猛扑上前抓住马鞍的事情。张昭知道后神色大变，对孙权说："将军为什么要这样做？作为君王，不是应该驾驭英雄，驱使群贤吗？还是说和野兽比较力气与速度？万一出现了危险，岂不遭天下人耻笑？"

孙权赶紧道歉，不过没有放弃打猎的癖（pǐ）好，反而造了一辆射虎车，车上开有方孔，自己坐在车里，

通过方孔射猎。张昭虽然竭力劝谏，孙权却笑而不答。

张昭常年身居文臣之首，德高望重，但因为性格固执，又敢于直谏，孙权对他敬而远之。百官两次推举张昭为丞相，孙权以担心他过于劳累为由，没有批准，实际是怕张昭处理不好人际关系。张昭知道孙权不愿意重用自己，在他称帝后不久就辞官。

张昭辞官之后，始终关心朝局。232 年，割据辽东（今辽宁省大部）的公孙渊突然派使者向孙权请求称臣，孙权兴奋不已，当即准备派遣使者前往，任命公孙渊为燕王。

张昭知道后极力劝阻，认为公孙渊不是真心归顺，派去的使者一定会被杀死。两人反复争辩，谁也不能说服谁，孙权实在难以忍受，手按着刀，愤怒地想要杀张昭。

张昭久久地注视着孙权说道："臣知道自己的话很难被采用，但臣还是坚持己见，是因为想起太后临终的托付。"说完，他痛哭流涕，孙权也扔下手中的刀，与张昭一起痛哭。

孙权最终还是向公孙渊派出了使者，张昭恼恨意见不被采纳，从此称病不出。孙权气不过，派人用土堵住张昭的家门，表示让他永远不要出门；张昭则在家里用土将门

▲ 张昭与孙权和解

封死，表示自己从此不再出来。

后来，公孙渊果然杀了使者，孙权自知理亏，多次派人登门道歉，张昭不见。孙权恼羞成怒，命人放火烧门，想把张昭吓出来，张昭反而把家里的窗子全部紧闭。

孙权只得命人灭火，自己一直站在门外苦等，张昭的几个儿子将张昭搀扶出来，两人这才和解。

张昭很有才能，但是过于严肃，孙吴官员从上到下没有一个人不忌惮他。

236 年，一生倔强的张昭病逝，享年八十一岁。

经典原文与译文

【原文】权于武昌，临钓台，饮酒大醉。权使人以水洒群臣曰："今日酣饮，惟醉堕台中，乃当止耳。"昭正色不言，出外车中坐。权遣人呼昭还，谓曰："为共作乐耳，公何为怒乎？"昭对曰："昔纣为糟（zāo）丘酒池长夜之饮，当时亦以为乐，不以为恶也。"权默然，有惭色，遂罢酒。——摘自《三国志·卷五十二》

【译文】孙权在武昌（今湖北省鄂州市）登临钓台，饮酒大醉。孙权让人用水泼洒群臣，说道："今天痛饮，必须醉倒在台上，才能罢休。"张昭神情严肃，不发一言，起身走到外面的车中端坐。孙权派人喊他回来，对他说："只是为了大家在一起高兴罢了，张公为什么生气呢？"张昭回答："从前商纣王做酒糟山、美酒池，通宵达旦地畅饮，当时他也认为是做乐，不以为是在做坏事。"孙权沉默无言，面露愧色，于是宣布停止酒宴。

词语积累

器宇轩昂：器宇，气概；轩昂，气度不凡的样子。气概高敞豁达。形容人精力充沛，风度不凡。

小巫见大巫：巫，巫师。小巫师遇到大巫师，法术无法施展。比喻两者相比之下，能力才干相去甚远，无法比拟。

周瑜传

周瑜（175—210年），字公瑾，庐江郡舒县（今安徽省庐江县）人，东汉末年孙吴名将，杰出的军事家、政治家、谋略家。

赤壁之战的总设计师

周瑜出身官宦之家，身材高大，长相俊美，从小接受良好的教育，学识出众，志向远大，很擅长音律，对事情有独到的见解。

东汉末年，长沙郡（今湖南省大部）太守孙坚讨伐权臣董卓，事先将家人迁往周瑜的家乡。他的儿子孙策和周瑜同岁，两人十分投机。

周瑜将自己的大宅院让给孙策居住，登上厅堂拜见孙策的母亲，生活上互相帮助，两人建立了深厚的交情。

孙策自立后，准备东渡长江夺取江东，第一时间给好兄弟周瑜写信。周瑜收到信，准备好粮草辎（zī）重，马不停蹄地率领军队去迎接。有了周瑜雪中送炭的帮助，孙策在江东连战连捷，周瑜的才华也逐渐显露出来。

其间，周瑜因为要向叔父复命，暂时离开了孙策。割据淮南的袁术发现周瑜是个人才，也想任用他，周瑜看出袁术不是成事之人，决意回到孙策军中。

得知周瑜归来，孙策非常高兴，亲自前往迎接，委以重任。周瑜一跃成为孙策集团的核心人物，为平定江东立下了汗马功劳。

孙策不幸遭遇刺杀，临终前将军国大事托付给弟弟孙权。周瑜马上从外地赶来奔丧，因为孙权年少，就与长史张昭一同辅佐他。当时，孙权的职务只是将军，但周瑜坚持行君臣之礼，以此表达对他的支持，又将鲁肃举荐给孙权。

枭雄曹操在官渡之战中击败袁绍，两年之后，曹操以皇帝的名义责令孙权送人质入朝。孙权召集群臣商议，一时间众说纷纭，没有定论。

孙权带着周瑜，与母亲商议。周瑜说："江东兵精粮足，人心安定，没有送人质的必要。一旦送了人质，就要受制于人，无法创建功业。应该静观局势，如果曹操符合道义，到时归附也不晚，如果他骄纵，必然不长

久，更没有送人质的必要了。”孙权和母亲都表示赞同，最终没有送人质。

曹操平定北方之后，率军南征，企图统一天下。荆州牧刘琮没有抵抗，举州投降。刘琮投降时，并没有通知驻守新野的先主刘备，先主来不及组织有效的抵抗，仓皇逃走，曹操马上将目光转向江东。

孙权询问众臣该如何应对，大部分人认为曹军实力雄厚，又有天子的名义，长江天险在荆州水军面前，也不那么可靠，主张投降。

周瑜说：“曹操名为汉相，实为汉贼。他的后方，反对势力还很强。曹军都是北方人，远道而来，水土不服，不习惯水战，没有什么可怕的。”孙权对曹军的实力依然心存忌惮，周瑜说：“曹军号称八十万，其实只有十几万人；虽然收降了荆州部队，但人心不附，各怀猜忌。我们内部团结，只要数万精兵，必然能获胜！”孙权十分高兴，决意与曹操一决高下。

孙权任命周瑜为主帅，率领三万人先行，又派鲁肃配合他，自己亲自调集军队、粮草，随后策应。周瑜领军出发，联合先主，双方组成孙刘联军，与曹操在赤壁对峙。

曹军不习惯舰船在水上颠簸，便将舰船首尾相连，固定在一起。周瑜的部将黄盖发现了这个破绽，建议用

▲ 周瑜火攻曹军

火攻。周瑜认可，让黄盖诈降曹操，又暗中调来几十艘蒙冲斗舰，装满柴草、油脂，由黄盖率领，驶向曹营。曹操果然中计，黄盖趁机点火，火船突入曹军阵营。曹军的舰船很快被烧毁，火蔓延到岸上，人马损失不计其数，大败而逃。

曹操留下曹仁等人驻守江陵（今湖北省荆州市），自己径直返回北方。周瑜和曹仁在江陵对峙，经过一年多苦战，曹军伤亡惨重，曹操的势力基本退出荆州。

赤壁之战后，周瑜利用曹操新败，谋划夺取益州，孙权同意了他的方案。就在周瑜踌躇满志之时，突然一病不起，在巴丘（今湖南省岳阳市）病逝，终年三十六岁。

周瑜主导的赤壁之战成为我国历史上最经典的战役之一。

经典原文与译文

【原文】是时刘璋为益州牧，外有张鲁寇侵，瑜乃诣京见权曰："今曹操新折衄（nǜ），方忧在腹心，未能与将军连兵相事也。乞与奋威俱进取蜀，得蜀而并张鲁，因留奋威固守其地，好与马超结援。瑜还与将军据襄阳以蹙（cù）操，北方可图也。"权许之。——摘自《三国志·卷五十四》

【译文】当时刘璋担任益州牧，外有张鲁的侵扰，周瑜于是进京拜见孙权说："如今曹操刚刚遭遇挫折，正有内部的忧患，不能与将军交兵作战了。我请求与奋威将军一起进攻蜀地，得到蜀地，再吞并张鲁，然后让奋威将军在当地固守，以便与马超结为外援。我回来和将军占据襄阳来逼迫曹操，就可以谋求北方了。"孙权

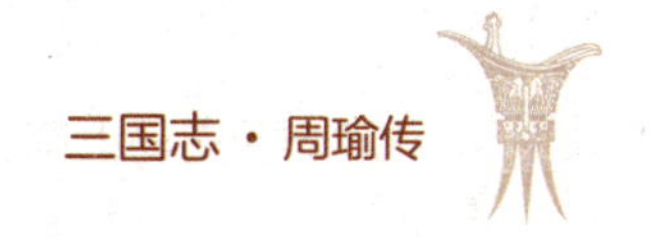

同意了他的计划。

顾曲周郎： 顾，回头看；周郎，周瑜。乐曲弹奏有误，周瑜听到了，回头看弹奏者。泛指精通音乐戏曲的人。

升堂拜母： 升，登上；堂，前屋。到前屋拜见对方的母亲。指互相结拜为世家之好。

总角之好： 总角，古人在少儿时期，头发梳成两个发髻，像长了两个角，借指童年时期；好，友爱。小时候很要好的朋友。

吕蒙传

吕蒙（178—220 年），字子明，汝南郡富陂（pí）县（今阜阳市阜南县）人，东汉末年孙吴名将。

刮目相看的吴下阿蒙

吕蒙出身贫寒，年少时南渡淮河，依附姐夫、孙策的部将邓当。十五六岁时，吕蒙瞒着邓当，偷偷上了战场，邓当发现后大吃一惊，呵斥他，但吕蒙依然如故。

邓当没有办法，把这件事告诉了吕蒙的母亲，母亲想惩罚他，吕蒙说："贫贱的生活我实在难以忍受，万一立下功劳，就能富贵了。"母亲虽然感到哀伤，但只好随了他。

邓当去世，长史张昭推荐吕蒙接替，担任别部司马。孙权掌权后，准备合并那些年轻且作用不大的将领的部队。

吕蒙知道一旦合并，自己很难出人头地，便暗中赊

（shē）账给士兵，让他们添置新装备。到了检阅之时，他的部队军容醒目，操练娴熟。孙权非常高兴，认为吕蒙是个将才，反而增加他的兵卒。

吕蒙作战勇敢，屡立战功。赤壁之战中，吕蒙跟随都督周瑜大破曹军，后来在夺取南郡（今湖北省南部）的过程中又大放异彩，吕蒙的职务不断提升。

孙权欣赏吕蒙，劝他说：“你已经身居要职，责任重大，不可不努力学习。”吕蒙推脱军务繁忙，没有时间。孙权严肃地说：“寡人不是要你成为学识渊博的学者，但至少要了解历史。你军务繁忙，难道比寡人的事情更多吗？寡人常常读书，感到受益匪浅。”吕蒙深感羞愧，一有时间就读书，读过的书甚至超过了很多学者，见识也大有不同。

鲁肃接替周瑜的职位，路过吕蒙的驻地。鲁肃是儒将，对吕蒙的印象还停留在武夫的阶段，难免有些看不起他。有人告诉鲁肃：“吕将军现在功名显赫，不能用老眼光看待，应当去拜访一下。”鲁肃便去拜访吕蒙。

酒喝到兴头上，吕蒙问鲁肃：“将军接受重任，与关羽相邻，准备用什么办法防备意外呢？”鲁肃仓促回答：“到时候视情况而定。”吕蒙说：“孙、刘虽然是一家，关羽却是虎将，怎么能不事先想好预案呢？”随即献上五

个计谋。

鲁肃大吃一惊，越席靠近吕蒙，拍着他的背说：“吕蒙啊，真没想到你的才略已经到了这种程度，不再是以前那个乡下阿蒙了！”吕蒙笑着回答：“士别三日当刮目相待，鲁兄知道这件事有点晚了吧！”随后，鲁肃亲自拜见吕蒙的母亲，两人成为至交好友。

孙权对于先主不肯归还荆州一直耿耿于怀，吕蒙献策讨伐，兵不血刃拿下荆南三郡。鲁肃死后，吕蒙接替他的职务，辖区与关羽相邻。吕蒙知道和关羽的摩擦只会越来越多，开始拟定针对关羽的作战方案。

鲁肃一直主张巩固孙刘联盟，吕蒙不认可，曾经向孙权表示：“不能把刘备、关羽当成好朋友，现在关羽之所以不敢攻打我们，是因为陛下英明，我们这些将领还在。应该尽早解决关羽的问题。”孙权表示认可，让他暗中准备。吕蒙发现了关羽骄傲的弱点，对他加倍殷勤，成功地获取了他的信任。

关羽放松了警惕，在后方留下一些部队，然后开始北伐曹魏，围攻樊城。吕蒙马上请求孙权散布他生病的消息，命他回建业养病。关羽彻底中计，将留守后方的部队全部调往樊城前线。

▲ 吕蒙奇袭荆州

吕蒙暗中行动，让士兵化装成商人，将战船伪装成商船，成功骗过了驻守江防的蜀国士兵，将他们全部俘虏。又劝降了驻守公安（今湖北省荆州市公安县）的守将，他兵不血刃地占领了江陵，关羽还被蒙在鼓里。

吕蒙命令军队不许骚扰百姓，很快稳定了民心。关羽在前线被曹军将领徐晃击败，听闻后方丢失，急忙撤军返回。途中数次派使者与吕蒙联络，吕蒙都热情接待，带使者周游城池，慰问将士家属。使者回到军中，将士们得知家人平安，顿时失去了斗志，纷纷逃亡。

关羽身边仅剩少数骑兵跟随，而孙权和吕蒙编制的罗网越收越紧。一代名将关羽走投无路，被俘身亡。孙权对吕蒙大加赏赐，吕蒙却突发疾病，孙权想尽一切办法为他治疗，都没有起色。

220 年，吕蒙刚刚立下赫赫战功后就病逝，终年四十三岁。

经典原文与译文

【原文】时当职吏以蒙年小轻之，曰："彼竖子何能为？此欲以肉喂虎耳。"他日与蒙会，又蚩辱之。蒙大怒，引刀杀吏，出走，逃邑子郑长家。出因校尉袁雄自首，承间为言，策召见奇之，引置左右。——摘自《三国志·卷五十四》

【译文】当时邓当下面的一个小吏因为吕蒙年轻，看不起他，说："那小子有什么能耐？这是想用肉喂养老虎罢了。"有一天，小吏与吕蒙相遇，又羞辱他。吕蒙非常愤怒，拔刀杀了小吏后，逃跑了，跑到同乡人郑长家里。又出来通过校尉袁雄自首，承蒙袁雄在中间为他说好话，

孙策召见吕蒙，认为他不一般，就把他安排在自己身边。

吴下阿蒙： 吴下，吴地；阿蒙，吕蒙。居住吴地一隅（yú）的吕蒙。比喻学识肤浅的人。

刮目相待： 刮目，擦亮眼睛。擦亮眼睛来对待。比喻抛弃从前的看法，用新眼光来看待人或事。

陆逊传

陆逊（183—245 年），字伯言，吴郡吴县（今江苏省苏州市）人，三国时期孙吴政治家、军事家。

孙吴的定海神针

陆逊出身于吴郡陆氏，是江东大族，江东四大姓之一。

陆逊小时候父亲就去世了，他跟随堂祖父庐江郡（今安徽省西南部）太守陆康学习。陆逊的学识增长很快，成为家族中的佼佼者。为了避免战火的波及，陆康将陆逊及亲属送回家乡。陆康死后，他的儿子比陆逊还小，便由陆逊支撑门户。

东汉末年，天下大乱，孙策趁机占领江东。孙权成为新统治者后，礼贤下士，渴求人才，二十一岁的陆逊加入进来，成为孙权的幕僚。

陆逊历任多职，逐渐显露出政治军事才能。有一年，陆逊担任县令，遭遇旱灾，马上下令开仓赈（zhèn）济灾民，组织百姓恢复生产，成功应对灾情，受到老百姓的爱戴。

当时，江东境内经常有山贼出没，官军连续几年都没有平定，陆逊主动上书，请求讨伐山贼。得到孙权的许可后，陆逊招兵讨伐，很快平定了匪患，部众也发展到两千多人。

陆逊的能力，孙权都看在眼里，认定他是可用之材，将侄女嫁给他，时常共商军国大事。当时，丹杨（今安徽省宣城市）的山越被北方的曹操策反，孙权命令陆逊前去平定。陆逊的兵马较少，便采用多插旌旗、昼伏夜出、不时击鼓等疑兵之计，让山越惶惶不可终日，叛乱很快被平定。陆逊借机将山越进行整编，得到一万多名精兵，极大扩充了军力。孙权对他赞不绝口。

孙权与先主刘备因为荆州归属问题，矛盾慢慢激化，下令吕蒙夺取荆州。吕蒙为了麻痹荆州守将关羽，佯装回建业养病，路过陆逊的辖区。陆逊不知道实情，前去拜见吕蒙，献策说："关羽目中无人，自恃（shì）勇武，如今一心北进，后方空虚，现在听到将军生病的消息，更不会防备，这是收取荆州的大好时机，希望将军能和主公好好筹划。"

吕蒙见陆逊有这番见解，大为欣赏。到达建业，孙权迫不及待地询问谁能代替他在前线指挥，吕蒙非常郑重地

告诉孙权："陆逊思虑深远，足以担当大任。加上他现在名气不够，让他接替我，一定能让关羽麻痹大意。"孙权立刻照办。陆逊到任，马上给关羽写信，谦卑地表达友好，关羽果然很看不起他，不再对东吴设防。

不久，关羽在前线作战不利，陆逊认为时机成熟，立即上报孙权。吕蒙返回前线，与陆逊联合，顺利拿下荆州，斩杀关羽。

先主意欲为关羽报仇，收回荆州，率领大军进攻东吴。孙权遣使求和，先主拒绝。此时，吕蒙已经去世，陆逊临危受命，抵抗蜀军。先主急于求胜，来势汹汹，前期进展顺利，频繁向吴军发起挑战，陆逊坚守不出。

吴军将领纷纷要求出战，陆逊坚持疲兵之计，消磨蜀军的锐气，双方在夷陵开始了长达半年的对峙。进入暑季，蜀军连营数百里，后勤补给困难，士气大不如前。

陆逊觉得时机成熟，命令众将转入反攻阶段。他抓住蜀军连营的弱点，采用火攻，蜀军节节败退，被吴军团团围住，元气大伤。先主趁夜突围，才逃过一劫。孙权得知胜利的消息，抚掌大笑。陆逊当时不满四十岁，击败名满天下的先主，拯救了危局中的东吴，从此名震天下。

陆逊立下大功，更加兢（jīng）兢业业地辅佐孙权。孙权称帝后，陆逊担任丞相，出将入相，达到人臣的顶峰。

▲ 陆逊火烧夷陵

陆逊晚年陷入太子之争，遭到孙权的无情打击，内心充满苦楚，最终一病不起，郁郁而终，终年六十三岁。

经典原文与译文

【原文】会（kuài）稽太守淳于式表逊枉取民人，愁扰所在。逊后诣都，言次，称式佳吏，权曰："式白君而君荐之，何也？"逊对曰："式意欲养民，是以白逊。若

逊复毁式以乱圣听，不可长也。”权曰：“此诚长者之事，顾人不能为耳。”——摘自《三国志·卷五十八》

【译文】会稽郡（治所位于今浙江省绍兴市）太守淳于式上表禀告陆逊违法征用民众，辖区百姓受到扰乱，愁苦不堪。后来陆逊到达都城，言谈之间，称赞淳于式是个好官，孙权说：“淳于式告发你，你却推荐他，是什么原因？”陆逊回答：“淳于式想要百姓休养生息，因此告发我。如果我又诋（dǐ）毁他来扰乱主公的视听，这种风气不应该助长。”孙权说：“这实在是德高望重的人才能做到的事，普通人不能做到啊。”

忍辱负重：忍，忍受；负，担当。忍受屈辱，承担重任。比喻心智坚定，能够忍受屈辱，承担重任。

火烧连营：连营，连接的军营。用火将连着的军营烧掉。

晋书

晋书

《晋书》由唐朝名相房玄龄等人合著，全书共一百三十卷，其中帝纪十卷，志二十卷，列传七十卷，载记三十卷，没有表，是记载两晋历史的纪传体史书。《晋书》叙述上起三国曹魏权臣司马懿，下至宋武帝刘裕废东晋恭帝自立的两晋历史，还特别以“载记”的形式记述了由少数民族建立的十六国政权，成为纪传体史书体例上的一个创造。

房玄龄

房玄龄（579—648年），名乔，字玄龄，齐州临淄县（今山东省淄博市）人，唐初名相、政治家、史学家。

房玄龄从小热爱学习，善诗能文，博览经史，十八岁考中进士，后来成为唐太宗的得力谋士，在“玄武门之变”中成为首功五人之一。唐太宗继位后，他担任丞相，总理朝政。646年，他负责监修《晋书》，历时三年成书，按惯例署名房玄龄。成书的当年，房玄龄因病去世，享年七十岁。

高祖纪

司马懿（179—251年），字仲达，河内郡温县（今河南省焦作市温县）人，三国时期曹魏权臣，政治家、谋略家，西晋王朝的奠基人之一，死后庙号高祖，谥号宣帝。

老谋深算的西晋王朝奠基人

司马懿出身官宦之家，年少时气节非凡，志向远大，学识渊博。

当时的名士崔琰（yǎn）与司马懿的兄长交好，曾经评价司马懿说：“这个人聪明懂事，做事果断，英姿不凡，他的兄长远不能及。”

司马懿长大后，名声逐渐传播开来。东汉权臣曹操听说他的才干，派人征召。司马懿见朝廷已经被曹操掌控，不愿为官，借口得了风痹（bì）病，拒绝了。

曹操不相信他的说辞，派人夜间前往探查。司马懿躺在床上，一动不动，就像真的得了风痹病一样，曹操只得作罢。

等到曹操成为丞相，再次征召司马懿，还放出狠话说，如果他还是拒绝，就直接抓捕他。司马懿感到害怕，只好出仕为官。

司马懿担任太子曹丕的属官，为其出谋划策，每次都很有成效，深得信任，很快成为心腹之臣。

曹操发现司马懿心怀大志，有狼顾之相，必然不甘心为臣，多次提醒曹丕，曹丕反而处处维护他。司马懿也发现了这点，一面极力掩饰志向，一面勤奋工作，以求打消曹操的疑虑。

曹丕登基，是为魏文帝，更加信任司马懿。文帝几次领兵出征，都让司马懿镇守京城，将他当成萧何。文帝病重，司马懿成为四位托孤大臣之一。

文帝驾崩后，儿子魏明帝继位，东吴皇帝孙权趁机侵犯，司马懿临危受命，迅速击败吴军，解除了危机。

魏明帝对蜀国降将孟达非常宽厚，司马懿提醒皇帝不要轻信他，魏明帝却不听，反而任命他为新城郡（今湖北省十堰市房县）太守。孟达趁机与蜀国取得联系，图谋造反。

司马懿知悉此事，担心孟达马上发难，一边写信安抚他，

一边率军星夜兼程，讨伐孟达。

众将认为新城郡与吴国、蜀国交界，应该持重，司马懿说：“孟达没有信义，要趁他犹豫不决，及时平定，否则后患无穷。”

八天之内兵临城下，孟达震惊于司马懿的速度，完全没有准备。司马懿只用了十六天就攻破城池，斩首孟达，恢复生产，当地人都心悦诚服。

229 年，蜀国丞相诸葛亮第三次北伐，魏明帝将司马懿调往前线督军。司马懿和诸葛亮多次交锋，互有胜负。

五年后，诸葛亮最后一次北伐，与司马懿对峙一百多天，不管蜀军如何挑衅，司马懿坚守不出。诸葛亮送来女人的衣服，以示羞辱，众将气不过，纷纷请战。

司马懿假装恼怒，上表请战，又暗中向魏明帝讲述避战的道理。魏明帝就派遣使者，手持节杖立于军营前，不许众将士出战。

诸葛亮继续派使者请求交战，司马懿不问军事，反问使者：“诸葛公每顿饭能吃多少？如何处理军务？”使者回答每顿吃三四升米，二十军棍以上处罚都亲自审阅。司马懿说：“诸葛亮命不长了。”诸葛亮果然当月就在战场病故，蜀军撤退。

魏明帝在位十三年，英年早逝，临终前将八岁的太子托付给大将军曹爽、太尉司马懿。

不久，曹爽认为自己是宗亲，想要独揽大权。司马懿明白曹爽的心思，主动退让，以求平安。

曹爽好大喜功，想通过讨伐吴、蜀建功，都遭到失败，引起众臣不满。后来他为了方便自己专权，将郭太后迁出皇宫，由曹氏兄弟执掌禁军，到处安插亲信。司马懿见形势危急，干脆装病不出，不问政事。

▼司马懿装病迷惑曹爽

曹爽对司马懿不放心，认为他装病，派人去探望。司马懿故意将使者认错，让身边的婢女喂粥，装作咽不下去，流到胸口上。

使者见司马懿病成这个样子，向曹爽复命，说他命不久矣。曹爽非常高兴，不再防备司马懿。

曹爽兄弟陪同皇帝离开京城，祭拜魏明帝陵寝。司马懿终于等到机会，马上向郭太后请求废除曹爽兄弟，让自己的各个儿子指挥军队，控制住京城。

曹爽的谋臣劝他趁机起兵，发动天下兵马勤王，曹爽不敢，反而相信司马懿保他终身富贵的承诺，便投降了。司马懿马上以谋反罪抓捕曹爽兄弟及主要党羽，诛灭其三族。至此，司马懿成为魏国实际掌权人。

司马懿大权在握，将反对势力一网打尽，对曹魏宗室开展清洗，司马氏的势力渗透到曹魏政权的各个角落，为将来取而代之打下了基础。

251年，司马懿在洛阳去世，享年七十三岁。

经典原文与译文

【原文】时军师杜袭、督军薛悌皆言明年麦熟，亮必

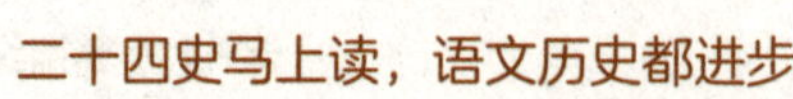

为寇，陇右无谷，宜及冬豫运。帝曰："亮再出祁山，一攻陈仓，挫衄而反。纵其后出，不复攻城，当求野战，必在陇东，不在西也。亮每以粮少为恨，归必积谷，以吾料之，非三稔（rěn）不能动矣。"——摘自《晋书·卷一》

【译文】当时军师杜袭、督军薛悌都说，明年麦熟，诸葛亮必定来侵犯，陇右没有储备军粮，应该趁冬天预先运粮。晋宣帝司马懿说："诸葛亮两次出兵祁山，一次进攻陈仓（今陕西省宝鸡市陈仓区），都受挫而返。即使以后他再出兵，也不会再攻城，而是寻求野战，战场必定在陇东，而不会在西面。诸葛亮经常担心粮草不够，回去后必定广积粮草，根据我的猜测，没有三年是不会出兵的。"

得陇望蜀：陇，今甘肃省；蜀，今四川省。平定陇西之后，又想进军蜀地。比喻贪得无厌，不知满足。

三马同槽：三马，指司马懿与他的两个儿子司马师、司马昭；槽，指曹操一族。隐指司马懿父子三人将篡夺曹魏政权。泛指阴谋篡权。

鹰视狼顾：视，注视；顾，回头看。像老鹰一样注视，像狼一样回头看。形容目光锐利，为人狠戾（lì）。

武帝纪

司马炎（236—290年），字安世，河内郡温县人，晋宣帝司马懿的孙子，西晋朝开国皇帝，死后谥号晋武帝。

西晋开国皇帝

司马炎是曹魏权臣、晋王司马昭的大儿子，为人宽惠仁厚，深沉有度量。他的长相异于常人，站着时头发拖到地上，手臂垂下超过膝盖，被认为是贵人之相，未来的王位继承人。

最初，司马炎的同母弟弟司马攸性情温和聪慧，有才智艺能，声望高于司马炎，被过继给伯父司马师为后嗣。司马昭很疼爱他，有意传位，但朝臣都归心于司马炎，司马昭便封司马炎为晋王世子。

经过司马懿和儿子司马师、司马昭三父子的经营，司马家已经牢牢掌控了曹魏的朝政。司马昭死后，司马炎继承父亲的丞相之位和晋王爵位。

为了巩固地位，司马炎大赦（shè）天下，减免徭役，广招贤才，封赏众臣，声望很快传播开来。

魏元帝知道大势已去，主动表示要禅让帝位，朝臣也相继上书。经过几番辞让，司马炎答应接受禅让，于266年登基称帝，改国号为晋，是为晋武帝。元帝被册封为陈留王，得以善终。

武帝登基，面临的局面比较复杂。在内部，很多人同情曹氏，不满司马氏上台，人心没有完全归附；在外部，吴国占据东南，不肯臣服，边疆的少数民族也蠢（chǔn）蠢欲动。

武帝提出“无为而治”，以安抚人心。他善待元帝，解除对曹魏宗室和汉室的禁锢，为灭蜀功臣邓艾等人平反，有效安抚了人心。他还废除曹魏时期的严刑峻法，营造更加宽容的治理氛围，消除了人们对司马氏的恐惧感。朝野上下展现出一片欣欣向荣的面貌。

经过十多年的发展，西晋国力强大，具备了统一天下的能力，出兵灭吴被提上了日程。一些大臣认为，边境的鲜卑之乱没有结束，吴国坐拥长江天险，北方人不擅长水战，因此还不能灭吴。另一些大臣认为，吴国实力大不如前，吴主孙皓残暴不仁，不得民心，正是灭吴的大好时机。考量再三，晋武帝认为灭吴的条件已经成熟，决定支持主战派。

279 年，武帝起兵二十万，分六路进攻吴国，直扑吴国都城建业。虽然吴国也做了应对，但因为早已丧失人心，军队战斗力很弱，防线很快被突破。

当晋军出现在都城附近时，孙皓知道走投无路，于是

▼晋武帝下令南征东吴

自缚双手，抬着棺木投降。短短四个月时间，灭吴之战结束。武帝优待投降的吴国君臣，保证了吴地的稳定。至此，全国实现了统一，结束了长达百年的分裂，武帝的声望达到顶峰。

为了加强集权，武帝在政治、经济、军事等领域实施了一些改革。他废除了汉代以来的三公九卿制，改由尚书省、中书省、门下省掌握最高权力，对皇帝负责，这便是三省制。

为了解决土地集中的问题，他实施“户调式”经济制度，用国家行政之权使农民都可以合法拥有应得的土地，限制豪强占地。

武帝反思了汉末以来军阀割据的弊端，决定剥夺州郡募兵的权力，改为分封宗室。这一措施客观上削弱了地方豪强的实力，但也导致手握重兵的宗室野心滋长，给后来的“八王之乱”埋下了伏笔。

魏文帝确立九品中正制选拔人才，使得大地主拥有凭借门第出身参与官员选拔的特权。等到晋武帝即位，为了获得大地主的支持，这个制度进一步得到巩固，人才的能力、品行不再作为主要标准，出现了“上品无寒门，下品无士族”的局面。等到中央集权衰弱，士族力量进一步崛起，一度超越皇权，形成了影响后世几百年的“门阀制度”。

武帝灭吴之后，改年号为“太康”，因为天下重归统一，社会经济繁荣发展，西晋迎来了十年的“太康盛世”。

此后，武帝志得意满，不再励精图治，开始沉迷于享乐，贪图酒色，甚至出现了君臣比富的荒唐局面。上行下效，各级官员开始不理政事，争相斗富，奢侈成风，加速了西晋王朝的灭亡。

290年，武帝病逝，终年五十五岁。太康盛世随着他的去世戛（jiá）然而止，我国历史就此进入一个漫长的混乱和黑暗期。

武帝即位前期，修明政治、厉行节俭，对经济、文化的发展都作出了很大贡献，后期腐化堕落，好色贪财，是一位典型的前明后暗的皇帝。

经典原文与译文

【原文】帝与右将军皇甫陶论事，陶与帝争言，散骑常侍郑徽表请罪之。帝曰：“谠（dǎng）言謇谔（jiǎn è），所望于左右也。人主常以阿（ē）媚为患，岂以争臣为损

哉！徽越职妄奏，岂朕之意。”遂免徽官。——摘自《晋书·卷三》

【译文】晋武帝与右将军皇甫陶讨论政事，皇甫陶与晋武帝发生争执，散骑常侍郑徽上表请求治皇甫陶的罪。晋武帝说：“刚正不阿，敢于直言，是朕对左右群臣的希望。人主常常将阿谀奉承作为祸患，怎么能将直言之臣当作损害呢！郑徽超过职权胡乱上奏，怎么可能是朕的心意。”于是免了郑徽的官职。

词语积累

羊车望幸：羊车，晋武帝坐在羊车上，任凭羊走到哪里，就临幸哪个嫔妃；幸，宠幸。希望得到晋武帝的宠幸。形容期盼得到别人的重视或者宠爱。

焚裘示俭：焚，焚烧；裘，皮衣。焚烧皮衣来显示节俭。比喻通过行动来展示节俭。

元帝纪

司马睿（276—323 年），字景文，河内郡温县人，司马懿的曾孙，晋武帝的侄子，东晋开国皇帝，死后谥号晋元帝。

东晋开国皇帝

司马睿的祖父是司马懿的庶子，得封琅琊（láng yá）王。琅琊就是今天的山东省临沂市，是世家大族琅琊王氏的大本营。

司马睿生于洛阳，十五岁时承袭琅琊王爵位，与出身琅琊王氏的王导结为好友。

晋惠帝即位后，无法驾驭朝局，政治环境十分险恶，国家陷入动荡。司马睿虽然聪敏有器量，又贵为王爷，但无权无兵，只好谨慎小心，恭俭退让，以避免灾祸。

由于司马睿从不轻易显露才华，世人都认为他没有本事，只有侍中嵇（jī）绍认为他与众不同，说：“琅琊王的外貌异于常人，不会长期做人臣。”

几年后，“八王之乱”进入高潮。成都王司马颖独揽大权，逼迫惠帝立自己为继承人，引起其他诸侯王不满。尚书令司马越裹挟惠帝，亲征司马颖，时任左将军的司马睿不得不参与其中。

两军激战，司马颖取胜，惠帝和司马睿都成了俘虏，被软禁在邺城（今河北省邯郸市临漳县）。

不久，司马睿的叔父因为得罪司马颖而被杀害，司马睿害怕自己遭殃，急切地想要逃走。当天夜里，黑云压城，雷雨大作，巡逻兵都松懈了，司马睿趁机逃出邺城。各处关卡早已接到司马颖的命令，不允许身份尊贵的人通过，司马睿在黄河渡口被吏员拦住。

危急时刻，司马睿的侍从机智地用鞭子打了一下他的马，笑着说：“舍长，官府禁止贵人通过，你怎么也被拘留了？”渡口吏员才放行。司马睿逃到洛阳接上家眷，马不停蹄地赶往封地琅琊国。

当时，整个国家的经济中心在北方，是各诸侯王争夺的重点地区，战乱不止，看不到缓和的迹象。王导审时度势，劝说司马睿尽快到建业建立功业。

王导认为江东富庶，有长江天险，易守难攻，足以谋

▲ 司马睿脱险

取大事。而江东原属吴国，吴国被灭后，当地士族长期受到朝廷的打压，正是收买人心的好时机。

司马睿表示赞同，设法获准镇守建业，重用当地士族，人心迅速归附。由于北方战乱不断，到江东避难的人越来越多，司马睿趁机收揽人才，攻城略地，力量逐步强大。

西晋王朝经过“八王之乱”，加上北方少数民族趁机大规模入侵，灭亡已经进入倒计时。

318 年，西晋末代皇帝晋愍（mǐn）帝被胡人杀害。消息传来，司马睿身穿孝服在草屋中守丧。不久，群臣上书劝说他即位称帝，担负起拯救天下的责任。

司马睿没有过分推辞，下令说:“寡人没有很好的德行，国家危难之时，没有守节而死，也不能予以匡救，深感不安。如今民众无所依托，百官都劝我担负责任，寡人不敢推辞。”当天就登基称帝，是为晋元帝。由于元帝的统治范围在江东一带，故史称东晋。

元帝称帝后，很想有一番作为，但因为名望不够，南方、北方的大士族都心存疑虑。元帝重用王导和他的哥哥王敦，王导担任丞相，主持朝政；王敦担任大将军，负责征讨。两人凭借琅琊王氏的招牌，运用策略，取得了南方、北方士族的支持，东晋王朝逐渐稳定下来。

在此过程中，王氏一族的势力急速壮大，四分之三的朝廷官员都是王家人或与王家有关的人，甚至出现了“王与马，共天下”的说法。

元帝十分忧心，决心改变这一局面，开始重用其他大臣。大将军王敦非常不满，以诛杀奸臣的名义起兵作乱，向建业进军。

王敦实力强大，元帝组织部队抵抗，以失败告终。元帝只得派使者告诉王敦:“如果你还心系朝廷，请就此退兵，我们还能共同安定天下。如果不是，我就回到封地，为你

让路。”

在王导的调解下，元帝和王敦总算握手言和，但元帝从此大权旁落，其号令出不了宫门，元帝几乎成了摆设，心情日渐消沉。

323 年，忧愤不已的元帝病逝，终年四十八岁。

经典原文与译文

【原文】帝性简俭冲素，容纳直言，虚己待物。初镇江东，颇以酒废事，王导深以为言，帝命酌（zhuó），引觞（shāng）覆之，于此遂绝。有司尝奏太极殿广室施绛帐，帝曰：“汉文集上书皂囊（náng）为帷。”遂令冬施青布，夏施青練（shū）帷帐。——摘自《晋书·卷六》

【译文】晋元帝生性节俭，恬淡淳朴，能容纳直言，虚心待人。开始镇守江东时，常因饮酒荒废政事，王导因此极力劝诫，晋元帝让王导斟（zhēn）一杯酒，拿起杯子将酒倒掉，从此以后不再饮酒。有官员曾经奏请在太极殿的广室挂上红色帐幕，晋元帝说：“汉文帝收集群臣上书

的黑绸口袋作为帷帐。”于是命令冬天挂青布，夏天挂青纱布作为帷帐。

日近长安远： 日，太阳；长安，代指国都。太阳抬头能见，而长安城遥不可及，想念国都而无法到达。比喻希望和理想无法实现。

牛继马后： 牛，牛氏，暗指司马睿是牛氏之子；马，司马氏。牛姓代司马氏继承帝位。形容以此代彼。

惠帝贾皇后列传

贾南风（257—300 年），平阳郡襄陵县（今山西省临汾市襄汾县）人，晋惠帝司马衷（zhōng）的皇后。

阴险狠毒的丑陋皇后

贾南风是西晋开国重臣贾充的女儿，长得又矮又黑，性情十分暴烈。贾南风十六岁时，晋武帝开始为太子司马衷物色太子妃人选。

贾南风的母亲用重金贿赂皇后杨艳，希望自己的女儿入选。武帝中意他人，但在杨皇后的坚持下，贾南风如愿成为太子妃。

武帝认为司马衷的智力有问题，想更换太子。有一天，武帝设下宴席，邀请太子属官全部到场，又写了一些问题，让人送到太子宫，由司马衷作答。

贾南风知道这是武帝的考验，这些题目司马衷一定答

不出来，而太子属官均不在场，便马上从外面找人代答。

这时，有人提醒说，太子平时不读书，现在的答案却引经据典，一定会被识破。贾南风觉得有道理，赶紧将答案改为平铺直叙的方式，让司马衷抄写。武帝看到答案非常高兴，认定太子的智力没有问题，断绝了换太子的想法。

武帝去世后，司马衷即位，是为晋惠帝，贾南风被册立为皇后。武帝晚年耽于享乐，不理朝政，导致社会矛盾尖锐，惠帝根本没有能力处理这些问题，闹出不少笑话。

有一年发生饥荒，老百姓没有粮食吃，很多人饿死，大臣们将情况汇报给惠帝。惠帝思索了很久，挠着头问道："既然老百姓没有饭吃，为什么不吃肉羹呢？"大臣们都哭笑不得。

惠帝糊涂无能，非常惧怕贾皇后，贾皇后逐渐独揽大权。贾皇后还是太子妃时，为了专宠，曾经让已经怀孕的嫔妃流产，武帝知道后很生气，打算废掉她，幸亏有武帝的第二任皇后杨芷求情，才保住了地位。

武帝死后，杨芷成为皇太后，贾皇后觉得自己的权力被她限制，全然不顾当初杨太后救助的恩情，联络两个诸侯王，诬陷杨太后的父亲谋反，趁机诛杀杨氏一族。

又伪造诏书，将杨太后废为庶人，囚禁起来活活饿死。

事后，贾皇后又反过来除掉帮助她的两个诸侯王，朝臣们人人自危，贾皇后更加肆无忌惮地结党专权。

贾皇后虽然大权在握，但始终有一块心病，那就是她和惠帝没有生育一个皇子。眼见太子司马遹（yù）越长越大，贾皇后害怕失去权力，心中焦虑万分，最后想出来一条毒计。

她首先对外宣称，自己在武帝大丧期间曾经有孕，生了儿子，只因当时情况特殊，没有对外公开，然后将自己妹妹的儿子带入宫中，掩人耳目。

接着，贾皇后在宴会中强行灌醉司马遹，趁他神志不清时写下谋反言论，并将这张纸交给惠帝和其他宗室大臣，言之凿凿地状告司马遹谋反。不久，司马遹被废，连同他的三个儿子被囚禁。

司马遹向来很有名望，朝臣对他被废非常不满，都知道是贾皇后在捣鬼，于是谋划废掉她，并拉拢赵王司马伦一起行事。

司马伦是个野心家，渴望获得权力，于是将计就计，把大臣计划废掉皇后、让太子复位的消息故意透露出来。

贾皇后听到之后，大为紧张，司马伦趁机劝她杀掉司

▲ 贾皇后逼死太子司马遹

马遹。贾皇后派太医毒杀司马遹，司马遹不肯服毒，最后被宦官用药杵杀害。

这样一来，贾皇后彻底失去人心，司马伦知道时机成熟，伪造诏书，以谋害太子的罪名废掉贾皇后，将她囚禁起来。

300 年，身为阶下囚的贾皇后被毒杀，终年四十四岁。

贾皇后死得罪有应得，她专权干政，极度自私，直接激发了司马氏内部的权力斗争，最终引发“八王之乱”，导致西晋王朝土崩瓦解，我国历史从此迈入近三百年

的混战时期。

经典原文与译文

【原文】后与冏母有隙，故伦使之。后惊曰：“卿何为来！”冏曰：“有诏收后。”后曰：“诏当从我出，何诏也？”后至上阁（hé），遥呼帝曰：“陛下有妇，使人废之，亦行自废。”又问冏曰：“起事者谁？”冏曰：“梁、赵。”后曰：“系狗当系颈，今反系其尾，何得不然！”——摘自《晋书·卷三十一》

【译文】贾皇后与齐王司马冏的母亲有仇，所以赵王司马伦让司马冏进宫抓捕贾皇后。贾皇后惊呼：“你进宫干什么来了？”司马冏说：“有诏书要捉拿皇后。”贾皇后说：“诏书应当从我这里发出，你奉的是什么诏？”贾皇后跑到上阁，远远呼喊晋惠帝：“陛下有妻子，让别人废掉，就是废掉自己。”贾皇后又问司马冏：“领头起事的是谁？”司马冏说：“梁王和赵王。”贾皇后骂道：“拴狗应该拴脖子，现在却拴在尾巴上，又怎么会不如此！”

何不食肉糜（mí）： 肉糜，煮烂成糊状的肉。为什么不吃肉羹呢？指对事物没有全面认知。

乱七八糟： 乱七，指西汉的“七国之乱”；八糟，指西晋的“八王之乱”。形容毫无条理和秩序，乱得不成样子。

杜预列传

杜预（222—285年），字元凯，京兆郡杜陵县（今陕西省西安市）人，魏晋时期军事家、经学家、律学家。

灭吴功臣“杜武库”

杜预出身官宦之家，从小博览群书，学以致用，精通政治、经济、法律、历法、工程等学科。他尤其喜欢读《左传》，明白国家兴亡之道，曾说：“立德，我没办法做到；立言、立功，努力一下应该可以。”

杜预的才学、品德都很高，但因为他的父亲和权臣司马懿不和，所以他一直得不到任用。

等到司马懿的儿子司马昭掌权，完全控制了魏国的军政大权后，政治局势已经很明朗。司马昭为了巩固地位，大量招揽人才，杜预被任命为尚书郎，很快脱颖而出。司马昭爱惜他的才华，将妹妹嫁给了他，从此，杜预成为司马昭的核心幕僚。

司马昭定下灭蜀战略，杜预因为谋略出众，担任主帅钟会的长史。钟会野心勃勃，灭蜀后不久，准备占领蜀地叛乱。事情败露，他的很多僚属都受到牵连，只有杜预凭借智慧，幸免于难，事后还得到嘉奖。

第二年，杜预受命参与制定法律。杜预认为，法律应该简明扼要，便于执行。虽然他不是最高裁定官，却实际承担了最繁重的工作，负责拟定法律条款及注释。历时五年，才终于完成，这便是《晋律》。

《晋律》上承《汉律》，下启《唐律》，被后世认为是我国第一部儒家化的法典，是我国古代立法史上由繁入简的里程碑。

杜预曾经担任度支尚书，主管全国的财政。在任七年，提出五十多项治国治军的建议，包括兴建储备粮仓、调整粮价、盐运管理、税率调整和边防建设等，涉及各个领域，晋武帝全部采纳。杜预还凭借学识，复制出失传已久的周朝太庙礼器，让武帝兴奋不已。

为了解决洛阳的交通问题，杜预亲自参与桥梁设计施工，成功地在黄河的孟津渡口建起大桥。桥梁建成之日，武帝率领百官举杯向杜预祝酒，说道："不是你，桥是建

▲ 杜预修建黄河大桥

不成的。”杜预回答：“不是陛下的英明，臣也不能施展微末之技。”

杜预发现正在实施的历法不准确，经过计算，纠正了误差，多次验证无误后，替代原历法颁行。他的才能如此众多，朝中上下对此赞不绝口，称他为“杜武库”，表示他无所不能。

杜预在很多方面都有建树，但最大的功绩还是灭吴，协助武帝完成了全国的统一。

西晋经过十多年发展，国力得到长足增长。武帝一直想发动灭吴战争，但朝中不少重臣有不同意见，只有身处荆州前线的名将羊祜（hù）和杜预等少数大臣坚定赞同。

不久，羊祜病重，他知道杜预富有军事才能，向武帝郑重举荐杜预接替自己。杜预到达前线，发现自己的对手是东吴名将张政，他不慌不乱，使用反间计，让吴主孙皓猜疑张政，将他调走。

杜预见计策实施顺利，信心满满地上书朝廷请求灭吴，却遭到反战派的猛烈抨击。武帝不得已，准备把灭吴时间推迟一年。

杜预接连上书两次，痛斥反战派贻（yí）误战机，力陈灭吴的天时地利人和，武帝终于下定决心立即发兵。

杜预担任西线主帅，负责攻取荆州。杜预奇招频出，让吴军胆战心惊，很快便完成了既定目标，挥师东进，配合其他各路晋军攻打建业。

整个灭吴之战，杜预战功累累，但从不居功自傲，屡次上书请求辞职，表示自己家族世代为文官，打仗不是自己的长处，武帝不予批准。

平定吴国后，杜预留心经籍，撰写《春秋左氏经传集解》一书，成为流传至今最早的一部《左传》注解，具备很高的学术价值，对后世研究《左传》有很大的

帮助。

285年，杜预在调任回京的途中病逝，终年六十四岁。

杜预凭借自己的文治武功，成为明朝之前唯一一位同时进入文庙与武庙，享受后世祭祀的历史人物。

经典原文与译文

【原文】时众军会议，或曰："百年之寇，未可尽克。今向暑，水潦方降，疾疫将起，宜俟（sì）来冬，更为大举。"预曰："昔乐毅藉济西一战以并强齐，今兵威已振，譬如破竹，数节之后，皆迎刃而解，无复著手处也。"遂指授群帅，径造秣（mò）陵。所过城邑，莫不束手。议者乃以书谢之。——摘自《晋书·卷三十四》

【译文】当时各军队将领一起商议灭吴之事，有人说："为患百年的贼寇，难以一举消灭。现在酷暑将至，正发生水涝，瘟疫也将出现，应该等到冬天，再大举进攻。"杜预说："过去乐毅凭借济西一战吞并强大的齐国，如今我军兵威已振，就像劈竹子，劈开前面几节后，后面就会迎刃而解，不再需要动手了。"于是指挥众帅，

直逼秣陵（今江苏省南京市江宁区）。所经过的城池，没有不束手投降的。之前发表议论的人于是写信向杜预道歉。

杜武库：晋人对杜预的尊称。指杜预学识渊博，样样精通，就像武器库里的兵器，样样俱全。

迎刃而解：刃，刀口。竹子被劈开后，后面的竹子迎着刀口就分开了。比喻事情容易解决。

嵇康列传

嵇康（224—263 年），字叔夜，谯国铚（zhì）县［今安徽省淮北市濉（suī）溪县］人，三国时期曹魏思想家、音乐家、文学家，与阮籍、山涛、向秀、刘伶、王戎、阮咸合称“竹林七贤”。

“竹林七贤”的精神领袖

嵇康儿时父亲就过世了，由母亲和兄长抚养长大。他聪慧过人，博览群书，对老庄之学尤为感兴趣。长大后的嵇康身高七尺八寸，容貌出众，气度不凡，虽然他向来不注重打扮，世人却觉得他神采照人，天质自然。

嵇康的才华受到推崇，他也被魏国皇室看重，迎娶了魏武帝曹操的曾孙女为妻，被授任中散大夫。嵇康与曹氏联姻，为他后来政治上的失意埋下了伏笔。

两汉以来，儒学因为独尊的地位，被过度神化及教条

化，随着大汉王朝的瓦解，逐渐被士大夫抛弃，转而寻找一种“安身立命”的依靠，玄学因此兴起。

玄学之名来自《老子》的“玄之又玄，众妙之门”，其主要内容是研究并解释《老子》《庄子》《周易》这三部充满哲理的著作。

曹魏以来，因为政治环境恶劣，玄学之风大盛，当时的名士竞相排斥儒家的说教和伦理纲常，崇尚清谈，整个社会流行一种虚无放诞的风气。

嵇康天性恬淡，讲究养生之道，向往无拘无束的隐士生活。他主张解放人的自然天性，认为儒家的等级制度、道德规范都是对天性的束缚。

嵇康写作《养生论》，明确倡导“越名教而任自然”的生活方式，认为真正的君子应该内心豁达，不被欲望迷惑，不被世俗规章约束。

嵇康这些离经叛道的思想，只有阮籍、山涛等六个人赞同，他们经常聚在一起游乐，这就是“竹林七贤”。正是“竹林七贤”，将魏晋玄学思想推向高峰。

随着曹魏的政权被司马氏执掌，嵇康作为曹氏姻亲，自然受到忌惮。但由于他是天下的名士，大将军司马昭想征召他为幕僚，以收买人心。嵇康事先得知消息，跑到河东郡（今山西省西南部）躲避出仕。

司马昭的心腹钟会，年少成名，很仰慕嵇康的才华，于是前往拜见游说。嵇康正在家门口打铁，看到钟会也不搭理，继续埋头打铁。

钟会等了很长时间，觉得无趣准备离去，这时嵇康才问："听说什么而来，看到什么而去？"钟会回答："听到所听的而来，看到所看的而去。"从此钟会对嵇康记恨在心，劝说司马昭除掉嵇康。

▼ 嵇康打铁会钟会

这时，嵇康的好友山涛已经响应司马氏的征召出仕，知道嵇康处境困难，担心他的安危，主动向朝廷举荐。嵇康得知消息，毫不领情，洋洋洒洒写了一篇千古流传的书信——《与山巨源绝交书》，表示人的秉性各有不同，他向往放任自然的生活，公开指责山涛向世俗低头，已经不是他的朋友。

嵇康写这封公开信，其实是对山涛的保护。他知道自己绝不会跟司马氏合作，司马氏也不会放过自己，他担心山涛被连累，所以采用这种方式与对方划清界限。

嵇康去世前，没有把自己的幼子托付给家人，也没有托付给向来敬重的阮籍，而是托付给山涛，并对儿子嵇绍说："山涛在，你不会成为孤儿。"

果然，山涛对待嵇绍视如己出，将他培养成一代名臣。嵇康保护了山涛，但也得罪了司马昭，处境已经很危险。

不久，嵇康的好朋友吕安与哥哥反目，嵇康受到牵连，卷入这场伦理官司。虽然他解释了事情的来龙去脉，但还是被投入大牢。

钟会趁机进谗言，说嵇康是一条卧龙，绝不会出仕，而且曾经想参与谋反。司马昭早就对嵇康不满，当即下令处死他。

行刑当天，三千名太学生集体为嵇康求情，司马昭不

答应。嵇康看着太阳的影子，知道没到行刑时间，神态自若地抚琴一曲，正是天下名曲《广陵散》。

弹奏完毕，嵇康伤感地说：“《广陵散》从此失传了，不是我不愿传给别人，实在是传授我的人一再让我发誓，不要传给别人。”说完慷慨赴死，终年四十岁。

嵇康死后，海内士人无不痛心。他的事迹与遭遇，以及以他为代表的“竹林七贤”的文学成就、玄学思想和所标榜的人生态度，被称为“魏晋风度”，对后世产生了巨大影响。

经典原文与译文

【原文】康尝采药游山泽，会其得意，忽焉忘反。时有樵苏者遇之，咸谓为神。至汲郡山中见孙登，康遂从之游。登沉默自守，无所言说。康临去，登曰：“君性烈而才隽，其能免乎！”——摘自《晋书·卷四十九》

【译文】嵇康曾经因为采药在山野里游览，恰逢得意之时，恍恍惚惚忘了回家。当时有砍柴的人遇到他，都认为他是神仙。嵇康到汲郡（今河南省卫辉市）山中拜见隐

士孙登，便跟随他学习。孙登保持沉默，没有跟嵇康说什么。等到嵇康将要离去，孙登说："你的性情刚烈又才华卓越，怎么能免于灾祸啊！"

竹林之游：游，交往。魏晋名士嵇康、阮籍等七人在竹林之下宴集、赏游。比喻淡泊名利的君子们相互交往。

道尽途穷：道、途，路。走到路的尽头。形容无路可走，面临末日。

殊涂同致：殊，不同；涂，同"途"，路。从不同的道路到达同一个地方。比喻采取不同的方法却获得一样的结果。

陆机列传

陆机（261—303 年），字士衡，吴郡吴县（今江苏省苏州市）人，西晋著名文学家、书法家，与弟弟陆云合称“二陆”。

误入政途的文豪

陆机出身吴郡陆氏，是江东的名门大族，祖父陆逊和父亲陆抗都是东吴名臣。

陆机年少时就聪明非凡，文章盖世，成年后身材高大，声如洪钟。他潜心钻研儒家学术，行为符合礼法，因此受到广泛称颂。

陆机二十岁时，吴国灭亡，他没有机会施展抱负，便回家闭门读书，长达十年。

陆机想起祖辈、父辈当年建立的巨大功业，深感亡国之痛，仿照贾谊的《过秦论》，创作《辨亡论》，分析孙

▲ 陆机、陆云闭门读书

吴的兴亡，批判吴主孙皓的昏庸。

陆机的弟弟陆云，比他小一岁，也是文采斐然，两兄弟一起隐居。十年后，两人又一起前往洛阳寻求机会，拜见名士张华。

张华早就听闻陆机兄弟的名声，见面之后赞不绝口，高兴地说："攻打吴国，得到了两个俊才啊！"于是将他们介绍给其他名士。兄弟两人名声大振，在洛阳站住了脚。朝廷征召他们为官，两人正式开启了在西晋王朝的仕途。

当时晋惠帝在位，贾皇后专权，铲除异己，朝政混乱，

引发了“八王之乱”。赵王司马伦诛杀贾皇后一党后，执掌朝政，他看重陆机的才能和名望，对他委以重任。

司马伦野心膨胀，想要篡夺皇位，很快就被其他诸侯王杀死，陆机被认为参与其中，随后被打入死牢。

幸亏成都王司马颖、吴王司马晏一起说情，陆机才免于死罪，被判流放边地，又恰逢大赦没有去成。当时的朝局混乱不堪，陆机的好几个朋友都劝他回江南避祸，陆机仰仗名声和才华，又有匡扶国难的志向，没有听从。陆机见司马颖礼贤下士，又全力营救过自己，决定依附他成就一番事业。

司马颖认为陆机出身名将世家，才能过人，对他非常重视，让他统率二十万大军。司马颖手下的将领很不服气，陆机也再三推辞，但司马颖就是不同意。

陆机虽然名义上统率大军，但将领阳奉阴违。嫉妒他的人趁机向司马颖进谗言，司马颖对陆机的信任产生了动摇。

宦官孟玖（jiǔ）的弟弟孟超在陆机帐下统军，完全不听从命令，放纵手下士兵掳掠。陆机将主犯抓捕，孟超带着一百多名骑兵径直到陆机帐中抢人，嘲笑陆机道：“南蛮能做都督吗？”陆机的属官建议诛杀孟超，陆机不同意。

孟超于是更加嚣张，公开宣称陆机要谋反，并给孟玖写信，诬陷陆机有二心。不久，孟超不听调度，孤军冒进以至全军覆没。

孟玖怀疑是陆机借机报复，于是联合其他将领，向司马颖诬陷陆机谋反。司马颖怒火中烧，立刻派人秘密抓捕陆机。

被捕时，陆机神态自若地说："自从吴国灭亡，我兄弟宗族蒙受晋朝大恩。成都王交给我重任，我极力推辞却没被批准。现在被杀，这就是命啊！"

说完，他给司马颖写了一封信，从容赴死，终年四十三岁。他的两个儿子、弟弟陆云也先后被牵连杀害。

陆机在政治上以悲剧收场，但他的文学和书法成就却留下了浓重的一笔。

陆机的诗歌与潘岳齐名，成为西晋诗坛的代表，被概括为"太康诗风"，他本人则被誉为"太康之英"；他的文章音律谐美，讲究对偶，开创了骈（pián）文的先河，对后来谢灵运的山水诗产生了重要影响；他的书法以章草最为著名，代表作《平复帖》是我国古代存世最早的名人法书真迹，有"法帖之祖"的美誉，被评为九大"镇国之宝"之一。

经典原文与译文

【原文】机天才秀逸，辞藻宏丽，张华尝谓之曰：“人之为文，常恨才少，而子更患其多。”弟云尝与书曰：“君苗见兄文，辄（zhé）欲烧其笔砚。”后葛洪著书，称：“机文犹玄圃（pǔ）之积玉，无非夜光焉，五河之吐流，泉源如一焉。其弘丽妍赡，英锐漂逸，亦一代之绝乎！”其为人所推服如此。——摘自《晋书·卷五十四》

【译文】陆机天纵英才，不同凡俗，文辞宏伟壮丽，张华曾经对他说：“别人作文，常遗憾才华不够，而你更担心才华太多。”弟弟陆云给他写信说：“君苗看到兄长的文章，常想要烧掉他的笔砚。”后来葛洪著书，称赞道：“陆机的文章就像玄圃的积玉，没有什么不是夜里发光的，就像五条河同时喷吐流波，源头却是一个。他的文章宏伟华丽、优美充实、英锐飘逸，也是冠绝一代啊！”他被人推崇信服到这种程度。

陆海潘江：陆，陆机；潘，潘岳。陆机的才华就像大海，潘岳的才华就像长江。比喻学识渊博，才华横溢的人。

玄圃积玉：玄圃，传说中位于昆仑山顶，有仙人居住，比喻仙境；积玉，精华聚积。仙境之中的精华聚积。比喻文辞华美，字字珠玑（jī）。

龙驹凤雏：驹，小马；雏，幼鸟。幼小的龙和凤。比喻聪明英俊的少年。

荆衡杞梓（qǐ zǐ）：荆，荆山；衡，衡山。杞、梓，好木材。荆山和衡山上的良木。比喻南方的优秀人才。

汝南王亮列传

司马亮（？—291年），字子翼，河内郡温县人，西晋宗室大臣，司马懿的第四个儿子，晋武帝的叔父。

含冤而死的“八王”之一

司马亮年少时清正机警，很有才干，在曹魏时期便崭露头角。随着司马氏逐渐架空魏国皇帝，司马亮开始担当重要职位，官至镇西将军，手握重兵。

晋武帝登基后，为了巩固统治，大封皇族为藩王，司马亮被封为扶风郡王，都督关中、雍州、凉州军务，负责镇守西部边境。

有一年，鲜卑族人杀害边境官员，司马亮派将领刘旂（qí）去救援，刘旂迟滞不前，被判处斩首。司马亮为刘旂求情，认为责任在自己，请求免刘旂死罪。

武帝说："刘旂有能力救援却没有行动，所以将他治罪。如果罪责不在刘旂，需要有人承担责任。"司马亮因此被免官，后来担任抚军将军。

当时，宗室子弟众多，没有人统管。司马亮身为皇叔，资历、声望都是宗室中的佼佼者，武帝特别让他兼任宗师，主管宗室子弟的教育。两年后，司马亮被改封汝南王，担任太尉，权势之大，一时无两。

武帝非常信任司马亮，将他从封国召到京城辅佐朝政，引起丞相杨骏的不满。杨骏是武帝的岳父，不愿看到有人威胁他的地位，极力建议将司马亮外放，武帝就让司马亮镇守许昌（今河南省许昌市）。

司马亮还没有出发，武帝病危，于是改诏留司马亮料理后事。杨骏看到诏书，暗中藏了起来。

武帝驾崩，司马亮没有诏书，害怕杨骏怀疑自己，不敢进宫奔丧，只在大司马门外表达悲伤。杨骏趁机准备讨伐司马亮，司马亮感到恐惧，连夜奔赴许昌，这才逃过一劫。

司马亮离朝，杨骏权倾朝野，晋惠帝的皇后贾南风非常不满。贾皇后极有野心，不甘心受制于人，秘密联络司马亮以及楚王司马玮，希望他们领兵进京讨伐杨骏。

司马玮有政治野心，马上同意并请求入朝。到了京城后，司马玮带兵驻守司马门，掌控皇宫的进出。

司马亮教育宗室子弟

有了司马玮的支持，贾南风底气十足，唆使惠帝下诏，诬告杨骏谋反，将杨骏杀死在府中，杨氏一族被连根拔起。杨骏的死正式宣告“八王之乱”开始。

杨骏死后，惠帝召司马亮入朝，担任太宰，与太保卫瓘（guàn）一起执掌朝政。司马亮和卫瓘认为司马玮戾气太重，不能担当大任，况且在京城掌握军队，十分危险，想要剥夺他的兵权，送回封国。

司马玮觉得自己诛杀杨骏，立了大功，却被排除在权力中心之外，如今又得知这个消息，更加忿（fèn）忿不平。贾南风没有实现大权独揽的目的，内心也不满，她敏锐地觉察到司马亮和司马玮的矛盾，怂（sǒng）恿司马玮诬告司马亮、卫瓘谋反。

司马玮被野心蒙蔽了双眼，假传诏令，派军队包围司马亮。司马亮手下的将领请求抵抗，司马亮拒绝，最后束手就擒。

被擒后，司马亮叹息着说：“我的忠心可以剖开来给天下人看，你们为什么这么无道，要杀害无辜的人呢？”当时天气炎热，士兵让司马亮坐在车上，替他打扇子，一直到中午，都没有人敢杀他。

司马玮下令说：“谁能够杀了司马亮，赏赐一千匹布。”

司马亮于是被乱兵杀害。

贾皇后为了实现专权的目的，马上以伪造诏书的罪名诛杀司马玮。

“八王之乱”的第一阶段到此结束，由此进入贾皇后专权时代，而西晋的乱局才刚刚开始。

经典原文与译文

【原文】帝崩，亮惧骏疑己，辞疾不入，于大司马门外叙哀而已，表求过葬。骏欲讨亮，亮知之，问计于廷尉何勖（xù）。勖曰：“今朝廷皆归心于公，公何不讨人而惧为人所讨！”或说亮率所领入废骏，亮不能用，夜驰赴许昌，故得免。——摘自《晋书·卷五十九》

【译文】晋武帝驾崩，司马亮害怕杨骏怀疑自己，推脱有病不入朝，只是在大司马门外抒发哀情，上表请求因丧葬之事责备自己。杨骏想要讨伐司马亮，司马亮知道了这件事，向廷尉何勖询问对策。何勖说：“现在朝廷都归心于你，你为什么不讨伐他，反而惧怕他讨伐你呢？”有人劝说司马亮率领部队入朝废掉杨骏，司马

亮没有采用，连夜骑马奔赴许昌，所以得以免祸。

词语积累

八王之乱：八王，汝南王司马亮、楚王司马玮、赵王司马伦、齐王司马冏、长沙王司马乂（yì）、成都王司马颖、河间王司马颙（yóng）、东海王司马越等八个诸侯王。由于晋惠帝的皇后贾南风肆意干政，引发八个诸侯王争夺中央政权而互相攻伐，最终导致西晋灭亡。实际参与动乱的诸侯王不止八人，但这八人是主要参与者，《晋书》将他们合为一传，故史称“八王之乱”。

祖逖列传

祖逖（tì）（266—321年），字士稚，范阳郡遒（qiú）县［今河北省保定市涞（lái）水县］人，东晋杰出的军事家。

一心北伐的名将

祖逖出身北方大族，世代都担任两千石的高官。他幼年丧父，性格豪迈，为人仗义，有侠义之风，家乡父老都很看重他。但他不爱读书，哥哥们深感担忧。

等到成年，祖逖懂得了学习的重要性，开始埋头苦读，很快成为通晓古今的俊才，当时的人都认为他有辅佐君王的才能。

祖逖的名声和才能逐渐传播开来，当地官府多次征召，他都没有应允。后来，祖逖被任命为司州（今河南省洛阳市周围）主簿，在那里他结识了终生知己——名将刘琨（kūn）。

祖逖和刘琨性情相投，一见如故，经常同榻（tà）而眠，纵谈天下大事，相互勉励说："如果天下大乱，豪杰四起，我们应该联手干出一番事业！"

有一次，两人睡到半夜时分，祖逖听到鸡鸣，推醒刘琨说："被这个声音惊醒，不是坏事。"刘琨会意，和祖逖来到屋外一起练剑。

"八王之乱"爆发，政局混乱不堪，祖逖和刘琨因为名声显赫，得到各个诸侯王的争相笼络，先后历任多职。几年后，祖逖的母亲去世，他拒绝征辟，回家守丧。

西晋王朝衰弱，北方的匈奴人趁机入侵，都城洛阳陷落。北方民众纷纷往南方避难，祖逖也带领家人南行。

一路上，他把车马让给老弱病残，自己和众人步行，携带的粮食药品也都和大家分享，遇到盗贼，也由他出面应付。众人对他心悦诚服，推举他为头领。

在祖逖有条不紊（wěn）的指挥下，一行人安全到达丹徒县（今江苏省镇江市丹徒区）。刘琨却留在了北方，两人从此天各一方。

当时，晋元帝司马睿在建业经营东南地区，尚未称帝，正招揽各方人才，于是任命祖逖为徐州刺史，驻扎在京口（今江苏省镇江市）。晋愍帝即位后，任命司马睿为左丞相，命令他率兵赶赴洛阳勤王。

祖逖有感于外族入侵，中原山河破碎、百姓流离失所，悲愤不已，规劝司马睿起兵北伐，他说：“北方沦陷，是因为藩王互相攻伐，给了外族可乘之机。北方百姓都有奋起反抗的斗志，大王此时出兵征伐，必然可以一雪国耻，建立不世之功。”

司马睿正在扩充实力，对北伐并不热衷，又不能公然违抗皇帝的命令，于是趁机拨给祖逖少量粮草和布匹，甚

▼祖逖江中立誓

至都不肯发放兵器铠甲，让他自己招募士兵，希望他知难而退。

祖逖毫不动摇北伐信念，毅然带领一百余家部曲，渡长江北上。船到大江中流，祖逖用力拍打船桨，誓言要恢复中原，拯救百姓。

祖逖渡江之后，在淮阴（今江苏省淮安市）驻扎，他自制兵器，招揽壮士，部队扩大到两千多人。他举众人迅速荡平盘踞谯城一带的豪强，在长江北岸站稳脚跟，打通了北伐的通道。

当时，北方已经沦陷，各方势力盘根错节，其中以后赵的势力最大。祖逖深知要想取得进展，必须要有强大的军力和充足的粮食。在军事上，祖逖赏罚分明，哪怕一点小功劳，立即奖赏，绝不拖到第二天，于是人人拼命，勇猛异常；在生活上，祖逖以身作则，勤俭节约，不蓄私财，家中子弟亲自耕种，百姓和官员纷纷效仿，当地经济得以恢复。

祖逖多次率军击败后赵，一度将黄河南岸的土地重新置于晋朝的统治之下。

与此同时，留在北方的刘琨正在积极奋战，两位挚友虽然天各一方，但遥相呼应，恢复中原仿佛迎来了曙光。

祖逖踌躇满志，准备渡过黄河继续北伐，晋元帝担忧他功高震主，派遣心腹担任他的上司，以便节制。祖逖知

道朝廷不信任自己，闷闷不乐。

不久，祖逖又听说大将军王敦飞扬跋扈，朝廷面临内乱的风险，势必影响北伐事业，内心更为忧虑，最终忧愤成疾，很快就病重难支。祖逖叹息说："这是天意啊，本来正要平定河北，老天不想让我活着，这是老天不庇（bì）护国家啊。"众人听了，都流泪伤感。

321年，一代名将祖逖病逝，终年五十六岁。

祖逖的离世，标志着东晋第一次北伐功败垂成，君臣猜忌成为东晋一朝北伐不能成功的顽疾。

经典原文与译文

【原文】帝乃以逖为奋威将军、豫州刺史，给千人廪（lǐn），布三千匹，不给铠仗，使自招募。仍将本流徙部曲百余家渡江，中流击楫（jí）而誓曰："祖逖不能清中原而复济者，有如大江！"辞色壮烈，众皆慨叹。——摘自《晋书·卷六十二》

【译文】晋元帝于是任命祖逖为奋威将军、豫州刺史，给他一千人的军粮，三千匹布，不发放铠甲兵器，让他自己招募军队。于是祖逖率领当年一起流亡江南的一百余家部曲渡长江北上，船行到江中间，他敲打船桨，并发誓说:“祖逖如果不能恢复中原而再次渡长江而回的话，就如同长江水一样！”言辞神色悲壮激昂，大家都为之感慨叹息。

闻鸡起舞：闻，听到；舞，舞剑习武。听到鸡的鸣叫就起来舞剑。比喻奋发向上、坚持不懈的精神。

中流击楫：击楫，敲打船桨。船到中流时敲打船桨起誓。比喻收复失地、报效国家的决心。

枕戈待旦：旦，早晨。头枕兵器，等待天亮。比喻随时准备战斗杀敌。

志枭逆虏：枭，斩首示众；逆虏，敌人。立志消灭敌人。

王导列传

王导（276—339年），字茂弘，琅琊郡临沂县（今山东省临沂市）人，东晋开国功臣，政治家、书法家。

东晋中兴第一功臣

王导出身名门大族琅琊王氏，年少时就风度翩翩，见识和器量远超常人。十四岁时，一个叫张公的高人见了王导，对他印象非常深刻，跟他的堂兄王敦说："这个孩子气度不凡，有将相的才能。"

晋元帝司马睿少年时一直在京城洛阳生活，与王导交情深厚。时值皇后贾南风专权，朝局混乱不堪，百姓流离失所，王导预感天下即将大乱。

司马睿的封地就是王导的家乡，两人结下友谊后，他更加器重王导，大小事情都咨询他的意见。王导也暗中立下振兴朝纲的志向，决心全力辅佐司马睿，屡屡劝说他尽快回到封国。

304 年，“八王之乱”进入高潮，司马睿被卷入其中，历经艰辛与家人逃离洛阳，回到封地。第二年，司马睿受命镇守徐州，马上聘请王导为军师，请他出谋划策，凡事都遵从他的安排。

王导见诸侯王之间的混战愈演愈烈，北方少数民族趁机作乱，预感到北方地区短期内无法太平，便劝说司马睿前往建业镇守。司马睿欣然接受，这也成为两人命运的转折点。

司马睿初到江南，名望不高，南方、北方的士族都不认可他，到任一月有余，竟然没有一个人前来拜会。

王导对王敦说：“琅琊王仁德宽厚，但没有声望。你手握实权，应该提供帮助。”不久，司马睿出城祭祀，王敦、王导兄弟带着一群名士跟随，随侍左右。江南名士顾荣、贺循见到后，相率拜伏。

吴国被晋武帝灭掉之后，南方士族一直受到打压，对朝廷不满。王导趁机劝说司马睿：“现在天下动乱，正是用人之际。顾荣、贺循是南方的士族首领，如果能招揽到身边，人心自然归附。”司马睿派王导亲自去拜访两人，予以重用，江南的士族果然望风归附。

随着北方陷入混乱，越来越多的中原人士到江南避难，王导又力劝司马睿趁机招揽人才，扩充实力。

此外，王导主张以清净治理地方，规劝司马睿励精图治，克制私欲。两人的关系日渐亲密，司马睿尊称王导为“仲父”，把他当作萧何。朝野人士也倾心于王导，称他为江南的“管仲”。

司马睿称帝之后，为了表彰王导的功绩，再三邀请他一起坐在御座上接受百官朝贺。王导坚决推辞，说：“如

▼ 王导拥戴晋元帝

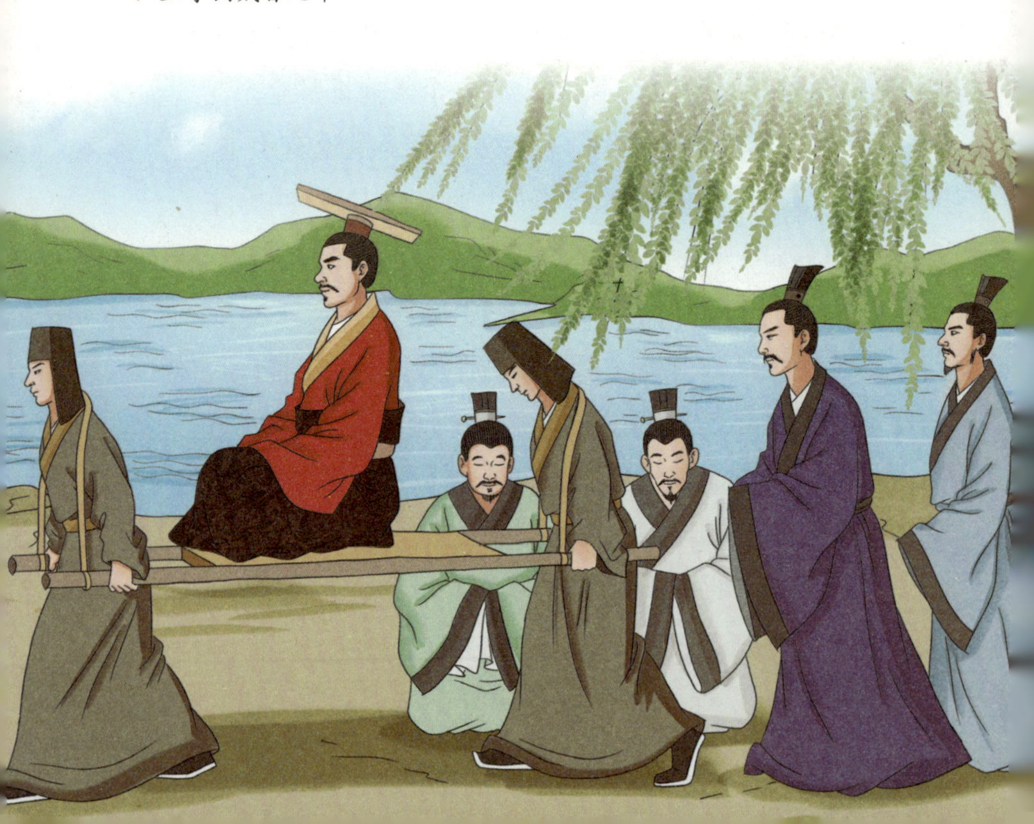

果太阳也和地下万物一样，那普通百姓去哪里沐浴阳光呢？”晋元帝由此更加信任他。

元帝宠爱自己的小儿子，有另立太子的想法，找王导商量，王导说：“自古立太子就是立长子，太子也很贤明，怎么能随意更换呢？”元帝依然犹豫不决，王导就天天劝说，元帝只得作罢。

当时，王导在朝内执政，王敦在朝外担任大将军，军政大权都在王氏一族。元帝很忌惮，着手削弱王家的势力，王导泰然接受，王敦却勃然大怒，借口铲除奸臣，发起反叛。

王敦举兵进攻京城，一些大臣趁机建议元帝诛杀王氏一族。王导带着二十多名王氏子弟，每天天一亮就到朝堂外等候处置。元帝知道王导忠厚正直，回想起两人多年的情谊，赦免了他的罪。

王敦得势之后，想要废掉元帝，王导坚决抵制。因为这件事，王敦多有抱怨，但王导自始至终没有改变态度。

元帝忧愤而死，儿子晋明帝即位。王敦认为机会成熟，不顾有病在身，再次发兵叛乱，率军逼近京城。

王导带领家族子弟，在京城为王敦大规模举办葬礼，大家都认为王敦已死。守卫的军队听说消息，胆气倍增，

很快平定了叛乱。为了表彰王导的功劳，明帝允许他带剑上殿，入朝不拜，王导坚决推辞不受。

明帝死后，他年仅五岁的儿子晋成帝即位，叛将苏峻造反。朝廷战败，苏峻攻入京城。

危急时刻，王导率领众臣，亲自带领侍卫守护在晋成帝身边。有人建议苏峻杀掉王导，以便掌控朝政，苏峻向来敬畏他，不敢动手。

339年，王导病逝，终年六十四岁。王导历经三朝，力保东晋江山不失，被认为是晋朝中兴第一名臣。

经典原文与译文

【原文】过江人士，每至暇日，相要出新亭饮宴。周顗（yǐ）中坐而叹曰：“风景不殊，举目有江河之异。”皆相视流涕。惟导愀（qiǎo）然变色曰：“当共戮（lù）力王室，克复神州，何至作楚囚相对泣邪！”众收泪而谢之。——摘自《晋书·卷六十五》

【译文】从北方渡长江而来的士人，每到闲暇之日，相邀出城到新亭（今江苏省南京市雨花台区境内）

宴饮。周颛在宴会中间感叹说："风景没有什么变化，可抬头能看到江河的不同。"大家都相视流泪。只有王导改变脸色、神情严肃地说："大家应该共同协力、辅佐王室，收复失地，怎么能像楚国的囚犯那样相对哭泣呢！"众人这才收泪拜谢他。

我不杀伯仁，伯仁因我而死：伯仁，周颛的字。我虽然没有直接杀周颛，但周颛因为我的缘故而死。比喻因不是出自本意的过失而导致别人损失重大，内心感到悔恨。

新亭对泣：在新亭相对哭泣。比喻因国难感到痛心却无可奈何的心情。

谢安列传

谢安（320—385年），字安石，陈郡阳夏县（今河南省周口市太康县）人，东晋著名政治家、军事家。

“淝水之战”的东晋总指挥

谢安出身名门世家陈郡谢氏，从小就气度不俗。名士桓彝（yí）见到四岁的谢安，赞不绝口地说：“这个孩子风采神色非凡，将来不会比本朝名士王承差！”

等到谢安长大一点，思维敏捷，才学进步，气度也更加不凡，得到名士王濛（méng）和宰相王导的器重。

谢安年少成名，屡屡被朝廷征召，但他不想凭借出身和名望获取官职，每每借口生病推辞。后来他干脆隐居山林，饮酒作文，与各方名士交往，就是不出来做官。

当时，谢家各门都身居高官，只有谢安隐退山林。妻子问他：“夫君难道不想荣华富贵吗？”谢安用手遮住口鼻说："恐怕难免啊。"

359年，谢安的弟弟谢万领军北伐，没有抚慰将士，又误判敌情引起骚乱，不久被贬为庶人。这件事对谢氏家族造成很大打击，重振家业的任务落到了谢安身上，隐居东山（今浙江绍兴市境内）的谢安这才有了做官的想法。这时他已经四十多岁了。

谢安出仕之后，在权臣桓温军中担任司马。有一次，谢安到桓温府上做客，桓温非常高兴，两人畅谈生平经历，欢笑终日。等到谢安走后，桓温问左右："你们可曾见过我有这样的客人？"众人都纷纷摇头。

不久，桓温到谢安府中做客，正碰上谢安整理头发。谢安性情迟缓，过了很久才整理完，于是让侍从取来头巾准备迎客。

桓温制止说："不着急，让司马戴好帽子再相见不迟。"桓温器重他到这种程度。后来，谢安察觉到桓温有野心，趁谢万病逝，以奔丧的名义离开了他。

晋简文帝驾崩，桓温入朝觐见新帝，走到新亭便止步不前，派重兵扼守关口，有代晋自立的想法。

桓温在军中召见朝中重臣王坦之和谢安，埋伏兵士准备杀害两人。王坦之非常害怕，连声询问谢安怎么办，谢安神色不变地说："晋朝的存亡，在此一行了。"

见到桓温后，王坦之汗流浃背，甚至拿倒了手版。谢安从容就座，对桓温说："我听说有道的诸侯应当谨守四方，明公何必要在墙壁后面藏人呢？"桓温笑着说："不得不如此啊。"这才让埋伏的人撤走，两人谈笑多时。在谢安的巧妙周旋下，桓温最终退兵，东晋度过了这场危机。

与此同时，氐族人苻（fú）坚建立的前秦统一了北方，国力日益壮大，有统一天下的志向，屡屡进犯东晋的边境。在与前秦的对抗中，晋军经常处于劣势。为了改变这一现状，谢安举贤不避亲，让自己的侄子谢玄负责长江下游江北一线的军事防御。

当时人们都认为谢安有私心，直到谢玄选拔出刘牢之等名将，训练出战力强悍的北府兵，连战连捷，取得不小的战果，人们才信服谢安的眼光。

383 年，苻坚决意一统天下，亲率大军，号称百万，气势汹汹地开进淮河、淝（féi）水流域，东晋王朝举朝震惊。谢安依然镇定自若，亲自以大都督的身份指挥全局，派谢玄等人率八万人迎敌。

由于敌我人数相差十倍，谢玄内心很紧张，向谢安询问退敌的办法，谢安神色泰然，只是说："朝廷已经另有安排。"随后便沉默不语。

谢安读完捷报，继续淡定地下棋

谢玄不敢再问，请好朋友张玄再去请示。谢安召集亲朋好友喝酒聚会，又拉着张玄到山中别墅下棋。平时张玄的棋艺高于谢安，这次由于内心恐慌，竟然输给了谢安。

谢安又登山游玩，直到晚上才回来，然后召集将帅，面授机宜。众人这才明白，谢安早已做好全盘计划。

等到谢玄在淝水（今安徽省淮南市寿县境内）大破前秦后，捷报送到，谢安正在和客人下棋，看完捷报，谢安面无表情地继续下棋。

客人忍不住询问，他才慢吞吞地说："孩子们已经打胜了。"等到送走客人，谢安压抑不住内心的喜悦，过门槛时用力过猛，碰断了木屐（jī）的屐齿，竟然毫无察觉。

淝水之战是我国古代战争史上以少胜多的有名案例，此战成功保全了东晋，谢安的名望也达到顶峰。

战后，谢安上书请求北伐，趁机收复了不少失地，将东晋的边境线从淮河推进到了黄河。此时，谢安的功劳已经封无可封，危机也随之而来。

在小人的挑拨下，晋孝武帝担忧大权旁落，开始防范谢安。谢安不愿当桓温那样的权臣，主动请求离开京城去外地任职。

谢安始终没有忘记隐居的志向，准备等天下安定后隐

退，但很快就重病缠身。385 年，未能得偿所愿的谢安病逝于建康，终年六十六岁。

经典原文与译文

【原文】玄等既破坚，有驿书至，安方对客围棋，看书既竟，便摄放床上，了无喜色，棋如故。客问之，徐答云:“小儿辈遂已破贼。”既罢，还内，过户限，心喜甚，不觉屐齿之折，其矫情镇物如此。以总统功，进拜太保。——摘自《晋书 · 卷七十九》

【译文】谢玄等人击败苻坚之后，战报通过驿站送达，谢安正在陪同客人下围棋，看完战报之后，便放在坐具上，脸上看不出任何喜色，依然下棋。客人问他战况如何，他慢慢回答:“孩子们已经击败了贼寇。”下棋结束，回到内室，跨过门槛时，因为心里太欢喜了，木屐的齿折断了，他也丝毫没有察觉，谢安竟能如此镇定自若掩饰真情。凭借总指挥的功劳，谢安进官拜授太保。

东山再起：隐居在东山的谢安再度出仕。比喻再次担任要职，或失势后再次得势。

入幕之宾：幕，帐幕；宾，客人。进入帐幕的宾客。比喻关系亲近或参与机密的人。

高卧东山：高卧，隐居。谢安在东山隐居，经常有人来拜访，只是饮酒赋诗，从不谈及政治。比喻隐居不仕，生活悠闲。

王羲之列传

王羲（xī）之（303—361 年），字逸少，琅琊郡临沂县人，我国历史上最著名的书法家之一，被尊为“书圣”。

淡泊明志的“书圣”

王羲之出身名门大族琅琊王氏，是东晋开国名臣王导的堂侄。王羲之小时候言语有些迟钝，没有什么与众不同的地方。

十三岁时，王羲之跟随长辈参加宴会，遇到善于品鉴人物的名士周顗（yǐ）。周顗仔细打量后，认为他不同寻常，把席上名菜烤牛心先送给他品尝，王羲之的名声从此传播开来。

王羲之自幼爱好书法，先由父亲、叔父进行书法启蒙，又跟随姨母、大书法家卫夫人学习。王羲之具备惊人的书

法天赋，卫夫人曾经哀叹：“等这个孩子长大了，后人将不知道世上还有我善于书法啊！”

卫夫人书法得曹魏时期书法大家钟繇（yáo）的真传，王羲之志存高远，决心取其精华而超越之，于是转学众师。

他曾先后学习秦末李斯、东汉张昶（chǎng）、汉末蔡邕（yōng）、曹魏梁鹄（hú）等书法大家的作品，又以超人的刻苦精神苦练，以至于清洗毛笔的池塘水都变成墨色，最终兼学众法、自成一家，开创出一种全新的书体。当时的人称赞他的书法冠绝古今，“飘若浮云，矫若惊龙”。

太尉郗（xī）鉴有一个才貌双全的女儿，被视为掌上明珠。郗鉴与王导交好，听说王氏子弟才貌俱佳，想从中选一个做女婿，王导叫来所有王家子弟，让郗鉴派来的学生挑选。

学生细细观察，回去报告郗鉴说：“王家子弟看上去都不错，知道是选婿后，都很矜持，只有一个人躺在东床，袒胸露腹地吃饭，像是毫不知情。”郗鉴说：“这正是我要选的好女婿。”马上寻访这个人，正是王羲之，于是将女儿嫁给了他。

王羲之对仕途兴趣不大，然而因为名声显赫，朝臣爱惜他的才华，频频征召，最终官至右军将军，后世便称他为“王右军”，称他的书法为“右军体”。

王羲之虽然无意做官，但关心政治。当时，朝中重臣

▲ 东床快婿王羲之

殷浩和桓温不和，王羲之认为国家的安定在于团结，便写信劝说殷浩，殷浩不予理睬。

后来，殷浩执意北伐，王羲之认为时机不当，又写信劝阻，殷浩还是不听，结果大败而归。世人都认为王羲之能够审时度势。

王羲之在会稽郡任职，这里山清水秀，很多名士隐居在此。353 年，王羲之与名士谢安、孙绰等人一起在会稽郡的兰亭相聚。他们一边饮酒，一边畅谈，兴致所至，每人赋诗一首。王羲之将这些诗汇编成集，即兴挥毫为诗集

作序，这就是流传千古的《兰亭集序》。

《兰亭集序》作为一篇散文，文采斐然，但真正让人神往的是书法成就。《兰亭集序》用行书书写，共二十八行、三百二十四个字，布局天成，字字精妙，一笔一画，笔断意连，仿佛有神人相助。

据说，王羲之写完之后，第二天酒醒，又写了很多次，再也达不到这个水准，只好遗憾搁笔，并妥善收藏，传于子孙。

《兰亭集序》的书法艺术体现了典雅、潇洒的时代风格，无人能出其右，文中二十多个“之”字，写法各不相同。唐太宗极爱《兰亭集序》，认为它是尽善尽美之作。有传言说，唐太宗临终前下令用《兰亭集序》陪葬，故真迹早已不在人间。宋朝书法大家米芾（fú）盛赞《兰亭集序》是“天下第一行书”，从此成为不易之论。

王羲之的书法名闻天下，时人都以得到他的墨宝为自豪。有个道士听说王羲之喜欢鹅，特意养了一群鹅，邀请王羲之前往观赏。王羲之非常喜爱，请求买下。道士笑着说：“如果先生为我写一篇《道德经》，所有鹅我都送给你。”王羲之欣然同意，写完后携带群鹅而归。

早年，王羲之的书法成就不及书法名家庾（yǔ）翼。到了晚年，他曾经用章草给庾翼的哥哥写信，庾翼见到王羲之的笔迹，大为赞叹，说道："当年，我收藏了十张汉代名家张芝的真迹，过长江时不慎遗失，常常感叹人间不会再有。如今看到足下给家兄的回信，顿时感到当年的奇观重现眼前。"

王羲之的书法艺术博采众长，自成一体，是我国书法史上当之无愧的第一人，至今仍然有着巨大的影响。

王羲之晚年时，因与上司不和，在父母坟前立誓，永远不再出仕。从此他辞官隐居，专精书法。

在他的悉心栽培下，他的儿子王献之、王凝之、王徽之、王操之、王涣之均擅长书法。其中王献之成就最高，父子二人合称"二王"。

361 年，王羲之在家中病逝，享年五十九岁。

经典原文与译文

【原文】又尝在蕺（jí）山见一老姥，持六角竹扇卖之。羲之书其扇，各为五字。姥初有愠色。因谓姥曰："但言是王右军书，以求百钱邪。"姥如其言，人竞买之。他日，姥又持扇来，羲之笑而不答。——摘自《晋书・卷八十》

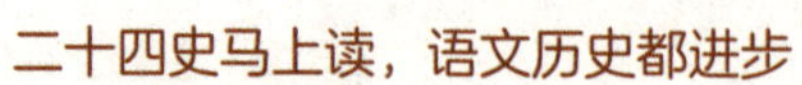

【译文】王羲之又曾经在蕺山（今浙江省绍兴市境内）看见一位老妇人，手里拿着六角竹扇叫卖。王羲之在她的扇子上写字，各写了五个字。老妇人起初有怨怒的神色。王羲之便对老妇人说：“你只要说是王右军写的，就可以每把卖得一百钱了。”老妇人照着他的话做了，人们争相购买。后来有一天，老妇人又拿着扇子前来求写，王羲之只是笑着而不回答。

东床快婿：东床，王羲之坦腹东床，被选中女婿；快婿，称心如意的女婿。指为人豁达，才能出众的女婿。比喻找到了好女婿。

入木三分：入，渗入。王羲之在木板上写字，字迹透入木板三分深。形容书法极有笔力。比喻分析问题很深刻。

顾恺之列传

顾恺（kǎi）之（348—409年），字长康，小字虎头，晋陵郡无锡县（今江苏省无锡市）人，东晋杰出的画家、绘画理论家、诗人。与三国吴曹不兴、南朝宋陆探微、南朝梁张僧繇合称“六朝四大家”。

虎头三绝

顾恺之出身江南官宦之家，从小受到良好的教育，长大后，以见多识广、博学多才而知名。

顾恺之的仕途比较简单，先后在权臣桓温、荆州刺史殷仲堪的帐下担任属官，晚年时入朝担任散骑常侍，做皇帝的顾问。

顾恺之的官职不高，很大程度是因为他志不在此，将大部分精力放在了文学和绘画创作上，而且名声极大，成就极高，当时的人认为他有“三绝”：文绝、画绝、痴绝。

顾恺之能诗善赋，对自己的文才很自信。有一次，他写了一篇《筝赋》，有人问道："你的《筝赋》与嵇康的《琴赋》比，谁更好一些呢？"

嵇康是曹魏时期的音乐大家，一曲《广陵散》成为绝唱，这个人认为顾恺之一定会知难而退，顾恺之却说："欣赏不了的人，会认为我的文章后出而看不起它；有见识的人，必定因为它不同凡响而重视。"

顾恺之最大的成就在于绘画。名臣谢安非常看重他的画作，给出了"有苍生来所无"这样的至高评价。顾恺之擅长人物、佛像、禽兽、山水等题材，尤以人物画最好。他画人物主张传神，注重通过生理细节来表现人物的神情。

顾恺之曾经为当世名人如谢安、刘牢之、殷仲堪等，前世名人如司马懿、裴楷、王承等画像，获得极高的赞誉。有一次，他画裴楷的像，在脸颊上添加三根毛，顿时让人觉得神采奕奕。

顾恺之画好一个人物之后，常常好几年不画眼睛。有人询问原因，他说："画作的真正妙处，与四肢的美丑关系不大，真正传神的是眼睛透露出来的神采。"后人将这种方式称为"点睛之笔"。

据说，顾恺之小时候母亲去世，看到别的小孩都有母亲，他心里很难受，想知道母亲的长相，缠着父亲问：

"母亲长得什么模样？"父亲耐心地描述。顾恺之根据这些描述，一遍又一遍地为母亲画像。

画好之后，就问父亲像不像，父亲肯定一番，又流露出遗憾的眼神。顾恺之知道肯定有不像的地方，不厌其烦地修改。终于有一天，父亲看到画后两眼放光，连声说："像，像，太像了！"顾恺之这才满意地放下画笔。

顾恺之流传后世的代表画作是《女史箴（zhēn）图》《洛神赋图》，直接奠定了他作为伟大画家的地位。

西晋时，名臣张华见皇后贾南风专权，特意写作《女史箴》一文劝谏。顾恺之根据这篇名作，完成了这幅集教化与审美于一体的画作。

《洛神赋》是文学家曹植的一篇赋文，顾恺之读完之后，凭借丰富的想象力和艺术才华，对赋文进行再创作，完成了这幅跻身我国"十大传世名画"的作品。

此外，顾恺之还提出了"迁想妙得""以形写神"的绘画理论，为我国传统绘画的发展奠定了基础。因此当时的人称他为"画绝"，而后人称他为"画祖"。

顾恺之因为行事半疯半癫，而被称为"痴绝"。据说，他迷信一些小法术，认为心诚则灵，经常遭到别人的逗弄。

有一次，桓温的儿子桓玄给了他一片柳叶，骗他说："这是蝉用来隐蔽的叶子，有了它可以隐身，别人看不见你。"

▲ 顾恺之柳叶隐身

顾恺之非常高兴，用柳叶遮蔽自己。桓玄假装看不见，当着他的面撒尿。顾恺之便坚信自己确实隐身了，十分珍惜这片叶子。

这件事传出去后，众人都笑顾恺之是“痴人”，但他毫不在意。顾恺之自己曾说：“我身体里痴傻和聪慧各占一半，合在一起，正好扯平罢了。”但后人更愿意相信，顾恺之的痴傻，其实是他无奈之下明哲保身的方式。

409 年，顾恺之死于任上，享年六十二岁。

经典原文与译文

【原文】桓温引为大司马参军，甚见亲昵。温薨（hōng）后，恺之拜温墓，赋诗云："山崩溟（míng）海竭，鱼鸟将何依！"或问之曰："卿凭重桓公乃尔，哭状其可见乎？"答曰："声如震雷破山，泪如倾河注海。"——摘自《晋书·卷九十二》

【译文】桓温征召顾恺之担任大司马参军，对他极为亲近。桓温死后，顾恺之前往拜祭他的墓，赋诗说："高山崩塌海水枯竭，鱼鸟将要归宿哪里！"有人问他说："你倚重桓公到这种程度，痛哭的样子他看得见吗？"顾恺之回答："哭声像震雷击破山峰，眼泪像河流倾注大海。"

词语积累

一叶障目：障，遮挡。眼睛被一片树叶遮挡。比喻看不到事物的整体。

渐入佳境： 渐，逐渐；佳境，好境界。吃甘蔗（zhè）从上端开始往下吃，越吃越甜。比喻境遇慢慢好转，或者兴趣越来越浓厚。

点睛之笔： 笔，文笔。顾恺之认为人物最传神的是眼睛，常常留到最后才画。比喻文章的传神绝妙之处。

桓温列传

桓温（312—373年），字元子，谯国龙亢县（今安徽省蚌埠市怀远县）人，东晋权臣，政治家、军事家。

北伐名将与权臣

桓温出身士族家庭，不满周岁时，名士温峤（jiào）见到他，就跟他父亲说："这个孩子骨骼不凡，真是英才降世。"因为温峤的赏识，父亲给他取名"温"。

桓温相貌伟岸，豪爽大度。他十七岁时，父亲在"苏峻之乱"中被叛将杀害，泾（jīng）县（今安徽省宣城市泾县）县令江播参与了谋划。从此，桓温每天枕着兵器睡觉，眼睛不时流出血泪，立誓要为父报仇。

几年后，江播去世，他的三个儿子在家守丧，担心桓温寻仇，事先准备好兵器，以防不测。桓温谎称自己是前

▲ 桓温报父仇

来吊唁的宾客，成功地进入丧屋，将三人杀死。

桓温只身报了父仇，得到世人的赞叹，名声传播开来。晋明帝很器重桓温，把嫡（dí）长女嫁给了他。

桓温当了驸马，加上过人的才干，仕途顺风顺水。荆州刺史去世后，他接管荆州，镇守国家的上游，一跃成为地方实力派。桓温资历尚浅却担任要职，受到一些非议，他急切地想建功立业。

当时，占据巴蜀的成汉政权日渐衰微，桓温想趁机灭掉它来建立功勋。他给朝廷上书请求伐蜀，没有等到回复便率军西进。蜀地险峻，桓温的兵力不多，很多朝臣认为他会失败，然而桓温连战连捷，与成汉军队在成都城外展开决战。

战况十分惨烈，晋军前锋战败，大将战死，乱箭射到桓温的马前，众将准备撤军再战。这时，负责敲鼓的官员因为紧张，将撤退信号敲成了进攻信号，晋军反而大败成汉，成汉就此灭亡。桓温立下大功，被封为征西大将军。东晋因此掌控了益州。

灭掉成汉之后，桓温名满天下，朝廷对他非常忌惮，重用殷浩等人来制衡他的权力。桓温看出殷浩没有才能，虽然感到不满，但并不担心。他管理八州之地，手握重兵，财政赋税、军队武器都能自行调度，处于半独立状态。

这时，后赵皇帝病死，北方局势大乱，桓温马上向朝廷请求北伐，很久没有得到回复。于是桓温不再等待，率军抵达武昌（今湖北省武汉市），朝野震惊，会稽王司马昱亲自写信劝阻，桓温这才返回荆州。

此后两年，殷浩几次北伐，都大败而归，引起很大的怨恨。桓温趁机弹劾他，殷浩被贬为庶人，桓温集内外大权于一身。从此之后，再也没有人能阻止桓温北伐了。

354 年，桓温率领四万步骑沿汉江北上，开始第一次北伐。经过数次血战，晋军成功进入关中，一直打到长安

城外。

关中百姓纷纷拿着牛肉和酒在路边迎接桓温，很多老人都垂泪说："没料到有生之年又看见了官军。"最后因为粮草耗尽，桓温只得撤军。

考虑到第一次北伐失利，桓温十多次请求朝廷将京城迁往洛阳，都被拒绝。

桓温无奈，开始第二次北伐。他从江陵出发，看见自己年轻时种下的柳树已经有十围粗，不禁流泪感叹道："树尚且如此，人哪有不老的啊！"

桓温率军继续北上，和羌族首领姚襄在洛阳城外遭遇。双方展开激战，一时难分胜负。桓温身披战甲亲自督战，命令晋军结队前进，大败姚襄，收复了洛阳。由于东晋王朝缺乏长期的战略打算，桓温回师之后，收复的土地再度沦陷。

369 年，桓温最后一次北伐前燕，属下建议他要么速战速决，直接进攻燕都，要么储备粮草，做持久战的准备，他都没有采纳，反而和前燕军队展开消耗战。最终粮草耗尽，撤退时被前燕追击，大败而归。

兵败之后，桓温的声望大受影响。为了重新树立威权，桓温废掉了皇帝，改立司马昱为傀儡（kuǐ lěi）皇帝，是为晋简文帝。桓温大权在握，大肆铲除异己，成为实际统治者，朝中没有人不惧怕他。

桓温一度想篡位自立，但毕竟已经六十多岁，自知所剩时间不多，在病重时逼迫朝廷加九锡之礼。谢安收到他的奏折，借故拖延了十多天，桓温最终没有等到朝廷的命令就去世了，终年六十二岁。

桓温西平巴蜀、北伐中原，为巩固东晋王朝立下了汗马功劳，晚年专权跋扈，导致后世对他的评价不高。

经典原文与译文

【原文】温性俭，每宴惟下七奠柈（pán）茶果而已。然以雄武专朝，窥觎（yú）非望，或卧对亲僚曰："为尔寂寂，将为文、景所笑。"众莫敢对。既而抚枕起曰："既不能流芳后世，不足复遗臭万载邪！"——摘自《晋书·卷九十八》

【译文】桓温生性简朴，每次宴会，只吃七盘茶果而已。可是他凭借雄浑刚健的气势在朝廷专权，窥伺皇位，有一次他躺着对亲信说："像这样寂寞无为，要被汉文帝和汉景帝笑话的。"众人都不敢答话。不久，桓温摸着枕头坐起来说：“既然不能流芳百世，难道就不能遗臭万年吗！”

流芳百世： 流，流传；芳，好名声。好名声永远在后世流传。

肝肠寸断： 断，断开。肝、肠一寸寸断开。比喻伤心到了极点。

我见犹怜： 犹，尚且；怜，爱。我见了尚且觉得怜爱。形容女子姿态美丽，使人喜爱。

刘元海载记

刘元海（？—310年），匈奴族，名渊，字元海，新兴郡（今山西省忻州市）人，十六国时期汉赵开国皇帝。

汉赵开国皇帝

匈奴族兴起于蒙古高原，以游牧为生。秦汉之际，匈奴族渐渐强大，经常侵犯西汉国境。经过汉武帝、汉明帝、汉章帝的几次大规模征讨之后，匈奴分裂为北匈奴和南匈奴。南匈奴依附汉朝，居住在汉地，接受汉文化的熏陶。

刘元海的祖先冒顿单于，与汉高祖结为兄弟，迎娶刘氏宗室之女为妻，子孙因此都姓刘。他的父亲便是南匈奴五部的首领之一。

刘元海出生时，手掌有纹路像“渊”字，父亲便给他

起名叫渊。他从小聪明，热爱学习，广泛接触汉文化，尤其喜欢《左传》和《孙吴兵法》，常常诵读。长大后，他身材高大，相貌出众，擅长骑射，成长为文武双全的青年才俊，结交了很多士人。

晋朝时，为了牢牢掌控周边少数民族，朝廷要求他们派子弟入朝为质，刘元海便长时间在京城洛阳做人质。

晋武帝曾经召见刘元海，交谈后认为他比辅佐秦穆公称霸西戎的大臣由余、汉武帝的托孤大臣金日磾（dī）都要优秀，想重用他平定吴国。

有人劝谏武帝说："刘元海的才能确实非同寻常，却是异族人。陛下如果不重用他，便成不了气候，不会有大危害。如果授予他权力，平定吴国后，恐怕他不会回来了。"武帝便打消了重用刘元海的念头。

齐王司马攸也认为，刘元海不是居于人下的人，如果不除掉他，将来会有灾祸。武帝考虑到民族团结问题，没有杀刘元海，却将他束之高阁。

等到刘元海的父亲去世，武帝让他代理匈奴左部帅，又担任北部都尉，负责边防。刘元海趁机广泛结交贤才，匈奴五部很多豪杰都投到他的麾下。

"八王之乱"爆发后，匈奴部的几个首领秘密商议说："以前，我们的先人与汉朝约为兄弟。如今魏晋相继兴起，我们的单于空有名号，却没有一寸属于自己的土地。现在司马氏骨肉相残，正是复兴祖业的机会。刘元海的风姿和才干都非常出众，必然可以带领我们成就一番大事。”秘密推举他为大单于，伺机行动。

当时，刘元海还在成都王司马颖手下做事，匈奴部首领派人将密谋的内容告诉他。刘元海找借口请求返回部族，司马颖没有同意。刘元海便让各部族先行招揽人

▼刘元海自称大单于

马，表面上响应司马颖，实际却图谋叛变。

后来，司马颖被政敌攻打，局势比较紧张，刘元海趁机请求回去召集部众帮忙。回去之后，刘元海不再听从司马颖的号令，改称大单于，很快聚集了五万人。

随着势力的壮大，刘元海的部下纷纷劝他自立，刘元海说：“天下的帝王并非固定不变，如今司马氏无道，百姓遭受伤害，确实是改朝换代的时机。但是，晋朝百姓未必会认可异族人。汉朝统治天下时间长久，深得民心，故而先主刘备仅凭一州之地，就能与天下抗衡。”因此自称汉王，追尊后主刘禅为孝怀皇帝，定国号为汉，史称汉赵或前赵。

刘元海称王，触怒了晋朝，发兵前来攻打。此时，晋军早已人心涣散，几次交锋都被打得大败而逃。刘元海乘胜追击，将势力范围扩大到整个并州。与此同时，刘元海积极吸纳鲜卑、乌桓等部族，实力得到进一步壮大。

刘元海觉得时机成熟，正式登基称帝，把目光对准了洛阳城。刘元海让儿子刘聪攻打洛阳，被假装投降的晋军趁夜偷袭，大败而归。

同年冬天，刘聪带领五万精兵再次直扑洛阳，在城下血战，但洛阳城高墙厚，最终未能攻克。撤军之时刘聪被晋军追击，又遭遇失败。

连续两次铩（shā）羽而归，刘元海开始反思攻打洛阳的行动。他摒（bìng）弃强攻的策略，改为先孤立洛阳而后攻取。就在刘元海准备第三次攻打洛阳时，却一病不起，于是他开始安排后事。

310年，刘元海病重去世。不久，汉赵发生内乱，刘聪弑杀兄长，夺取皇位自立，追谥刘元海为光文皇帝，庙号高祖。

经典原文与译文

【原文】后王弥从洛阳东归，元海饯弥于九曲之滨。泣谓弥曰："王浑、李憙（xǐ）以乡曲见知，每相称达，谗间因之而进，深非吾愿，适足为害。吾本无宦情，惟足下明之。恐死洛阳，永与子别。"因慷慨歔欷（xū xī），纵酒长啸，声调亮然，坐者为之流涕。——摘自《晋书·卷一百零一》

【译文】后来王弥从洛阳返回东方，刘元海在九曲河滨为他饯行。他哭着对王弥说："王浑、李憙因为同乡的缘故了解我，常常推荐我，有些人趁机向皇上进谗言，完

全不是我的愿望，却足以构成危害。我本没有当官的想法，只有王公你才能明白。恐怕我会死在洛阳，与你永远诀别了。”因而情绪激昂、哀叹抽泣，尽情喝酒、大声呼啸，声音嘹亮，在座的人都为他流泪。

词语积累

随陆无武，绛灌无文： 随陆，汉高祖的文官随何、陆贾；绛灌，汉高祖的武将绛侯周勃、灌婴。随何、陆贾没有武功，周勃、灌婴没有文采。指人才的片面性，能文者不能武，能武者不能文。

自相鱼肉： 鱼肉，像鱼肉一样被宰割。比喻内部相互残杀。

石勒载记

石勒（lè）（274—333 年），羯（jié）族，字世龙，上党郡武乡县（今山西省长治市武乡县）人，十六国时期后赵开国皇帝。

后赵开国皇帝

羯族是匈奴别部羌渠的后裔，一直隶属匈奴。东汉时期，羯族随匈奴族迁入内地，一直保留着部落组织，从事游牧、农业。他们学习汉文化，但生活贫困、地位低下。

石勒的祖父和父亲都曾担任部落小头目。石勒十四岁时，随同乡人一起到洛阳行商，曾靠着上东门大声呼喊。

重臣王衍（yǎn）恰巧听见了，对身边的人说：“刚才听那个胡人小孩的声音，感觉他有突出的志向，恐怕将来会成为国家的祸患。”于是急忙派人抓捕，但石勒

已经离开。

石勒成年后孔武有力，胆量过人，擅长骑射，家乡父老都认为他的志向和气度不一般，前途不可限量。

“八王之乱”爆发后，社会动荡不安。石勒的家乡遭受大饥荒，为了活命，他只得逃亡。

当时，晋军大肆抓捕胡人充当奴隶，刚刚二十岁出头的石勒也被抓住，不久被卖给一个富商做奴隶。富商对石勒奇特的相貌感到惊奇，免除了他奴隶的身份。恢复自由的石勒，召集十几人当了盗贼，与军马牧场的头目汲桑交好，这成了他一生的转折点。

随着混乱的加剧，全国各地战乱四起。石勒趁机劫掠各郡县的囚犯，又招募山里的亡命之徒，组成了一支战斗力颇为强悍的部队。汲桑自称大将军，任命石勒为扫虏（lǔ）将军，以他为先锋，进攻邺城。

石勒勇猛非凡，连战连捷，很快攻克邺城，斩杀一万多名守军。晋朝上下震惊，派大军前来征讨。经过几个月的激战，汲桑、石勒被击败，一万多人战死，他们被迫投奔刚刚建立汉赵的刘渊。

在路上，他们又遭到晋军伏击，只有石勒成功逃脱。石勒投奔汉赵后，连战连捷，立下很多战功，得到刘渊的赏识，成为他最重要的将领之一，统率的部队超过十万人，实力非常雄厚。

随着实力的壮大，石勒有了更大的雄心。他广泛吸纳名人贤士，重用张宾等汉人，谋划建立自己的根据地。当时，石勒在长江、汉江一带作战顺利，想要长期据守，张宾却认为江汉流域易守难攻，应该学习魏武帝曹操，先平定北方。

石勒没有采纳他的意见，后来被晋军打得大败，不得

▼ 石勒歼灭晋军主力

不撤回北方。此后，他认真听从张宾的策略，迅速攻下许昌，直接威胁到晋朝的统治。

东海王司马越统率二十多万精锐部队赶来剿灭石勒，走到一半，司马越病死军中，晋军只得退军。

石勒抓住机会，派遣轻骑部队急袭，将晋军精锐尽数消灭，晋朝王公大臣死伤大半，石勒的威名震动四海。此时，石勒的实力已经不同往日，对于汉赵皇帝的命令开始选择性对待。

汉赵皇帝刘曜（yào）见石勒的势力剧增，非常忌惮。有一次，石勒派使者向刘曜报捷，刘曜便册封他为赵王，赐予一系列褒奖。

这时，有人进谗言说，这是石勒在打探虚实，刘曜马上杀害使者，追回给石勒的王爵及褒奖。石勒非常恼怒，不再服从汉赵，自立为赵王，史称后赵。

石勒称王后，先后吞并了幽州、冀州和青州，成为北方实力最强的政权，和汉赵的正面碰撞已经不可避免。

328年，石勒派遣侄子石虎攻打汉赵，刘曜亲率全国精兵迎战。石虎大败，刘曜趁机进军洛阳。

面对危机，石勒亲率大军赶往营救，一路轻装急行。直到石勒渡过黄河，刘曜才发现，开始准备防御。

石勒采取三面夹击的战术，一举击败并生擒刘曜，汉赵很快陷入混乱，最终被石勒击败，就此灭亡。

石勒灭掉汉赵后，几乎占据了整个北方，正式登基称帝。后赵兵强马壮，看似形势一片大好，实际上却有不小的隐患。石勒的侄子石虎野心很大，而太子石弘性格温和，有大臣担心太子不能驾驭石虎，会发生内乱，劝说石勒除掉石虎。石勒虽然增加了太子的权势，但没有听从除去石虎的建议，为后赵的内乱留下了隐患。

333 年，石勒病逝，终年六十岁。石勒死后，后赵的大权被石虎掌握，石弘被迫禅位，很快便被杀死，后赵进入石虎的残暴统治时代。

经典原文与译文

【原文】勒伪获罪于元海，因奔伏利度。伏利度大悦，结为兄弟，使勒率诸胡寇掠，所向无前，诸胡畏服。勒知众心之附己也，乃因会执伏利度，告诸胡曰：“今起大事，我与伏利度孰堪为主？”诸胡咸以推勒。勒于是释伏利度，率其部众归元海。——摘自《晋书·卷一百零四》

【译文】石勒假装在刘元海那里犯下罪过，趁机投奔伏利度。伏利度非常高兴，与石勒结为兄弟，让他率领众胡人侵犯劫掠，所向无敌，众胡人都畏服石勒。石勒知道众心已经归附自己，于是乘机抓住伏利度，告诉众胡人说："现在做大事，我和伏利度谁适合当主帅？"众胡人都推戴石勒。石勒于是释放了伏利度，率领他的部众一起归顺刘元海。

词语积累

鹿死谁手：鹿，比喻政权。原比喻不知道政权会落在谁手里。现指不知道谁会取得比赛的最终胜利。

怙（hù）恶不悛（quān）：怙，坚持；悛，悔改。坚持作恶，绝不悔改。比喻坏到极点。

慕容儁载记

慕容儁（jùn）（319—360 年），鲜卑族，字宣英，鲜卑名贺赖跋，昌黎郡棘城县（今辽宁省锦州市义县）人，十六国时期前燕开国皇帝。

前燕开国皇帝

鲜卑族是继匈奴族之后，在蒙古高原崛起的又一个游牧民族，属于东胡族群。秦汉时，东胡被匈奴击败，一分为二，分别退入乌桓山和鲜卑山，于是以山为族名，形成了乌桓族和鲜卑族。两族因为接受了匈奴族的统治，风俗习惯很相似。

东汉初年，鲜卑族跟随匈奴族侵扰边境，中原才知道有这个民族。匈奴族衰弱之后，鲜卑族趁势崛起，与中原王朝时战时和。

慕容儁的祖父就是鲜卑族慕容部的首领，生前常常说：

“我积累功德，我的子孙应当拥有中原。”等到慕容儁出生，祖父看他的相貌异于常人，说：“这个孙子有异相，家族事业后继有人了。”

慕容儁长大后，身材魁梧高大，博览群书，是一个文武双全的英才，在部族的威望很高。慕容儁的父亲被东晋王朝册封为燕王，他被册立为世子。

慕容儁三十岁时，父亲去世，他正式继承燕王之位。正值年富力强，慕容儁渴望建功立业，参与逐鹿中原。

当时，北方的霸主是后赵，经济实力与军事实力都远超燕国，慕容儁只能暂时收起进军中原的念头。

第二年，后赵皇帝石虎病死，他的几个儿子为了皇位互相残杀，政局一片混乱。慕容儁紧紧抓住这千载难逢的好机会，调动二十万精兵，分三路南征后赵。

后赵守军无心恋战，燕军很快攻陷重镇蓟（jì）城（今北京市）。慕容儁随即将都城迁往这里，昭示了逐鹿中原的决心。

不久，后赵大将军冉闵杀死皇帝，自己称帝，建立冉魏政权。冉闵畏惧慕容儁的实力，派遣使者前往探听虚实。

慕容儁认为冉闵得位不正，人心不定，对自己是个机会，便让官员质问冉闵的使者：“冉闵不过是石虎的养子，才能平庸，怎么敢辜负恩德、篡夺皇位，越礼妄自加帝号

▲ 慕容儁谴责冉闵的使者

呢？”冉闵的使者据理力争，但慕容儁攻打冉魏的决心不再动摇。

当时，慕容儁的大臣都建议杀掉使者，慕容儁说：“古代双方交战，使者处于中间，这是为人臣者常有的事。”下令放掉使者，即刻备战，准备攻伐冉魏。

不久，准备充分的慕容儁派遣将领慕容恪（kè）等人分兵攻打冉魏。冉魏多年征战，早已不堪再战，接连战败，连冉闵都被活捉。慕容儁将他斩首，冉魏政权正式灭亡。

慕容儁实力倍增，在群臣的劝说下他登基称帝，国号

为燕，史称前燕。东晋派使者去见慕容儁，慕容儁说：“请回去告诉你们天子，我担负了民众的苦难，得到中原人士的推举，已经称帝了。”此时，慕容儁产生了图谋天下的想法。

慕容儁称帝后，没有停下征战的脚步，凭借空前强大的军事实力，迅速肃清境内的几股残余势力。不仅匈奴人对他俯首称臣，就连朝鲜半岛的高句（gōu）丽都入朝进贡，北方的局势随之稳定下来。

随后慕容儁又渡过黄河，从东晋手里夺取了黄河以南的大片土地，将都城迁往邺城，前燕的声势一时之间达到顶峰。

这时，前燕在北方只剩下前秦一个对手，此外还有南方的东晋，有着统一志向的慕容儁很自然地将眼光投向了这两股势力。鉴于前秦、东晋的实力还很强大，慕容儁下令各州清点现有兵力，让各家各户只留一个成年男丁，其余全部编入部队，想要组建一支一百五十万人的大军。

慕容儁计划第二年会合全部兵力，然后进军洛阳，实现自己的统一大业。有大臣表示反对，认为这个计划过于激进，百姓们的生活已经困苦不堪，恐怕会激发民变。

慕容儁仔细听取了意见，又交由众臣集体商议，最后决定采取五丁抽三制，放宽备战时间，准备第二年年底集结完毕。

慕容儁原本踌躇满志，准备统一天下，却突然一病不起。他自知大限已到，向弟弟慕容恪托孤，说："朕身体虚弱，恐怕不行了。朕没有什么遗憾，只是还有两个大敌没有消灭，太子年纪尚小，朕准备把国家托付给你。"慕容恪回答："虽然太子年纪小，但聪慧过人，必定能战胜强敌。我们不能乱了正统。"慕容儁生气地说："兄弟之间，何必讲客套话？"慕容恪坚持说："陛下如果认为臣能承担重任，臣自然全力辅佐少主。"慕容儁由此放心。

360年，慕容儁病逝，终年四十二岁。

经典原文与译文

【原文】儁自和龙至蓟城，幽冀之人以为东迁，互相惊扰，所在屯结。其下请讨之，儁曰："群小以朕东巡，故相惑耳。今朕既至，寻当自定。然不虞之备亦不可不为。"于是令内外戒严。——摘自《晋书·卷一百一十》

【译文】慕容儁自和龙（今辽宁省朝阳市）抵达蓟城，幽州、冀州的百姓以为他要东迁，互相惊动引起骚乱，在

当地集结。慕容儁的部下请求讨伐他们，慕容儁说：“他们以为朕去东部巡视，所以产生疑惑而已。现在朕既然已经到达，他们不久自然安定。然而，防止意外的准备也不得不做。”于是命令内外戒严。

神色自若：自若，如常。脸色神情毫无变化。比喻态度镇静。

苻坚载记

苻坚（338—385年），氐族，字永固，小字文玉，略阳郡临渭县（今甘肃省天水市秦安县）人，十六国时期前秦第三位君王，政治家、改革家。

功亏一篑的氐族改革家

氐族起源于今天的四川省松潘高原，是以农耕为主的少数民族，其历史可以追溯（sù）到东周时期。氐族人与汉人一样是农耕文明，姓氏也都是汉姓，汉化程度很高。后来氐族人往北迁徙，进入今天的甘肃省、青海省境内。

西晋末年，氐族人在成都建立成汉政权，是五胡十六国时期的第一个少数民族政权。

苻坚的家族世代是氐族首领，他的祖父苻洪率部归服后赵，苻氏一族迁徙到邺城，苻坚就出生在这里。

后来，苻洪投靠东晋，他的儿子苻健占据关中称帝，

建立前秦。苻坚就是苻健的侄子。

苻坚从小聪明过人，遵守礼法，双手过膝，有贵人之相。苻洪非常喜欢他，常常对人说：“这个孩子姿貌雄伟，天资过人，不是一般人。”

苻坚八岁时提出要拜师求学，苻洪惊奇地说：“胡人只知道吃肉喝酒，现在你却想求学，的确是很好啊。”第二天就请来了老师。苻坚从此潜心学习，学识增长很快，声名鹊起。

苻坚继承了父亲东海王的爵位，伯父苻健又授予他龙骧（xiāng）将军的封号，说：“你的爷爷过去受过这个封号，现在你也被任命，要努力啊！”

苻健去世后，他的儿子苻生继位。苻生残忍好杀，朝中人人自危。

苻坚因为声誉很好，有大臣私下劝他替天行道，效仿商汤和周武王。苻坚拿不定主意，向尚书吕婆楼问计。

吕婆楼推荐谋士王猛，两人一见如故，成就了历史上一段有名的君臣佳话。在王猛的筹划下，苻坚最终下定决心，废掉苻生，自降帝号，称为“大秦天王”。

苻坚登基后，面临的是一个烂摊子。一方面，前秦在战乱中建国，根基不稳，苻生统治残暴，导致叛乱四起，百姓已经困苦不堪；另一方面，前燕和东晋都实力强大，随时可能前来侵犯。

苻坚任用王猛为丞相，大刀阔斧地进行改革。内政方面，苻坚派出军队平乱，并积极安抚，结束了境内的混乱局面；同时精简官员，节省财政开支，整顿吏治，诛杀贪官，打击权贵；又让自己的妻子亲自养蚕织布，生产得到快速恢复。

对外方面，他加强边境防守，通过灵活外交争取休养生息的时间。在一系列措施下，前秦很快呈现欣欣向荣的景象。

苻坚的改革让社会面貌焕然一新，却触动了旧贵族的利益。他重用王猛，也引起了一些元老显贵的普遍不满。

跟随苻洪建国的姑臧侯樊世当众侮辱王猛："我们与先帝共创基业，你没有半点功劳，凭什么坐享其成？"王猛回击说："我还想让你当厨师烧饭呢，让你耕种是便宜了你！"樊世大怒，扬言要杀王猛。

苻坚知道后，非常生气，说："一定要杀了樊世这个老贵族，新政才能推行，群臣才会服从。"不久，樊世获罪被杀。

樊世的死在氐族贵族中引起极大震动，王猛再接再厉，接连处死二十多个违法乱纪的贵族。京城秩序焕然一新，良好的社会风气慢慢形成，人人遵纪守法。苻坚感慨地说："我现在才明白，治理天下唯有讲究法治。"

在苻坚和王猛的努力下，前秦国力迅速增强，开始实现统一目标。当时，前燕已经衰弱，名将慕容垂被新皇帝猜忌，前来投奔前秦。

苻坚喜出望外，当即决定出兵，不到一年就灭掉了前燕。此后，苻坚又攻灭前仇池国、前凉和代国三个政权，

▼ 苻坚淝水战败

基本完成了北方的统一。

虽然苻坚统一了北方，但王猛看到了潜藏的危机，临死时劝诫他着力解决国内的民族矛盾，重点防范还没有臣服的鲜卑人、羌人，不要急于消灭东晋。苻坚被胜利冲昏了头脑，没有听取王猛的意见。

八年之后，苻坚不顾群臣反对，倾全国之力发动了对东晋的战争。战争开始很顺利，后来在淝水遭遇晋军抵抗，前秦遭遇灭顶之灾，兵力损失了十之八九。

经此一战，前秦元气大伤，之前被统一的各部族纷纷叛乱。苻坚众叛亲离，不得不困守长安，在逃亡中被叛将姚苌（cháng）抓获。

385年，苻坚被姚苌杀害，终年四十八岁。

苻坚深受儒家文化影响，始终秉承仁德之政，尽管多年征战，却很少杀戮，这在当时频繁战乱的环境下，极其罕见。他统一北方，推行德政，为民族融合作出了很大贡献。

经典原文与译文

【原文】坚闻桓温废海西公也，谓群臣曰："温前败灞（bà）上，后败枋（fāng）头，十五年间，再倾

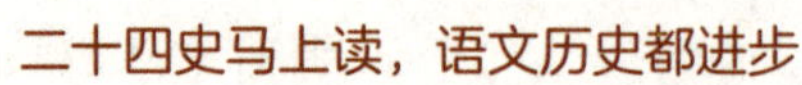

国师。六十岁公举动如此，不能思愆（qiān）免退，以谢百姓，方废君以自悦，将如四海何！谚云‘怒其室而作色于父’者，其桓温之谓乎！”——摘自《晋书·卷一百一十三》

【译文】苻坚听到桓温废黜海西公司马奕的消息，对群臣说：“桓温以前在灞上（今陕西省西安市境内）被击败，后来又在枋头［今河南省浚（xùn）县］打了败仗，他十五年间两次使国家的军队遭到重大损失。六十多岁的人，做这样的举动，不能思过隐退，向百姓谢罪，反而废掉君主来自我取悦，将天下人都不放在眼里！常言说‘和老婆生气，却给岳父脸色看’的人，说的就是桓温这种人吧？”

草木皆兵：兵，士兵。野草和树木都像是敌兵。形容人极度惊慌时疑神疑鬼而产生错觉。

风声鹤唳（lì）：唳，鹤叫声。把风声、鹤的叫声当作追兵。形容极其惊慌，或自相惊忧。

投鞭断流：将全部马鞭投入江中，能截断水流。比喻士兵众多，兵力强大。

姚兴载记

姚兴（366—416年），羌族，字子略，京兆郡长安县（今陕西省西安市）人，十六国时期后秦第二位皇帝，政治家、佛学家。

崇尚佛教的羌族皇帝

羌，最初是我国古代西部游牧部落的泛称，古羌人以善于牧羊著称，有很多分支部落。商朝时，羌是其属国之一；春秋战国时，羌人建立的义渠国，曾与秦国对峙了几百年；秦汉之后，羌人进一步发展、分化，迁入内地，逐渐步入封建社会。

姚兴祖上属于烧当羌，是当时实力较强的一支部落，后来被东汉王朝击败，从今青海省东南部往东迁，进入今天的甘肃省天水市。

西晋末年，姚兴的祖父姚弋（yì）仲带领族人迁到今陕西省西部；后赵皇帝石虎又下令他们继续东迁，到达今天的河北省枣强县。

等到姚兴的父亲姚苌统领部落，又回到关中，恰好前秦崛起，便依附了它。淝水之战后，姚苌脱离前秦，建立政权，史称后秦。

当时，姚兴还在长安的前秦王朝任职，听到父亲自立的消息，连夜逃出长安。到达父亲身边后，因为长子的身份，被立为太子。

当时，前秦实力尚存，姚苌一直在外交战，姚兴以太子的身份镇守长安。其间，姚兴继续学业，与汉族大儒建立了良好的关系，经常探讨治国之策。

394年，姚苌病重，从前线返回，不久病逝。姚兴担忧自己声望不够，几位叔父不服，决定秘不发丧。叔父们深明大义，认为姚兴贤明，志向远大，前秦的威胁就在旁边，不能自相残杀，亲自前往拜见姚兴，消除了误会。

姚苌病死的消息传出，前秦皇帝苻登趁机大举进攻。姚兴亲率大军抵抗，双方展开激战。姚兴采纳长史尹纬的建议，切断前秦军队的水源，然后全线反击。后秦大获全胜，姚兴的威望得到极大提高。战后，姚兴正式为父亲发丧，顺利登上帝位。

姚兴登基后，勤于政事，显示出过人的才能。军事上，

他通过连续的战争，先后击败前秦、东晋、西秦和后凉，扩大了后秦的版图。

政治上，采取严厉措施打击贪官污吏，营造了比较清明的社会风气。

文化上，姚兴继承父亲的政策，大力提倡儒学，兴办学校，一万多人慕名到长安求学。大力提拔有才干的人，做到知人善任。这一时期政治清明，人民安居乐业，社会生产有了比较大的发展。后秦成为当时为数不多的强国之一。

姚兴喜欢出城游玩，经常很晚才返回，城门官王满聪为了劝诫他，以天黑看不清来人为名，将他关在城门外，姚兴没有办法，只得从其他门入城。第二天，姚兴非但没有处罚王满聪，反而嘉奖他。

就在姚兴准备进一步扩张之时，东面的北魏在开国皇帝拓跋珪（guī）的带领下迅速强大起来。姚兴曾经重用北魏的敌人赫连勃勃，招致北魏大军的进犯，后秦遭受重大损失。姚兴不甘示弱，随后反击，又被击败，再也无力与北魏争夺中原地区。

雪上加霜的是，赫连勃勃恩将仇报，反秦自立，建立了大夏国，不时南下骚扰后秦。在与赫连勃勃的战争中，后秦一直处于劣势，在拉锯战中损失了大量军队和物资，极大消耗了国力。

因为这两个对手的存在，后秦由盛转衰，再也无力开疆拓土，反而因为各方矛盾加剧，势力范围日渐缩小。

姚兴信奉佛教，攻灭后凉后，把著名高僧鸠（jiū）摩罗什迎到长安，以国师之礼对待，为他专门设立翻译佛经的译经场。

由于姚兴的大力推崇，王公大臣们人人信佛，从远方

▼ 姚兴大兴佛教

前来研修佛学的僧人多达五千人，地方上也形成了尊佛的风气。鸠摩罗什在优渥（wò）的环境下，总共译出九十八部佛经，计四百二十五卷。

鸠摩罗什精通汉文、梵文，他的译经事业是我国佛教史上的大事，极大地促进了佛教在我国的发展，奠定了我国翻译文学的基础。鸠摩罗什由此跻身汉传佛教四大佛经翻译家之列。

姚兴晚年，不喜欢太子姚泓，格外宠信皇子姚弼（bì）。姚弼产生了非分之想，准备武力夺取皇位，其他皇子见状，也各怀私心，卷入夺嫡大战。虽然在最后一刻，姚兴拖着病体上朝，宣布处死姚弼，平息了叛乱，但后秦的混乱已经不可避免。

416年，叛乱平息的第二天，姚兴发病去世，终年五十一岁。

经典原文与译文

【原文】桓玄遣使来聘，请辛恭靖、何澹（dàn）之。兴留恭靖而遣澹之，谓曰："桓玄不推计历运，将图篡逆，天未忘晋，必将有义举，以吾观之，终当倾覆。卿今驰往，

必逢其败，相见之期，迟不云远。”——摘自《晋书·卷一百一十七》

【译文】桓玄派遣使者前来问候，请求释放辛恭靖、何澹之回去。姚兴留下辛恭靖而遣送何澹之，对何澹之说：“桓玄不推算时运，将要图谋篡位，上天没有忘记晋朝，必定会有正义的举动，依我看来，桓玄终将失败。你现在赶回去，定会遇到他的失败，我们相见之期，不会太远了。”

词语积累

妍皮不裹痴骨：妍，美丽；痴，丑陋。美好的皮肤，不包丑陋的骨头。比喻美好的外表定会有美好的内心。